HOMEM, PALAVRA, PENSAMENTO

Um dicionário de máximas que o autor Iran Ibrahim Jacob organizou em 636 verbetes para melhor analisar momentos, situações cotidianas e estados d'alma. Este livro traz no fim de cada reflexão uma mensagem de otimismo, um incentivo à descoberta da força interior capaz de mudar nossas vidas.

A definição da palavra "amor", por exemplo, vem repleta de pensamentos positivos: "Sinta o amor pulsando em tudo que vê. Se Deus é amor, o mundo em que vivemos deveria ser de paz, harmonia e felicidade. Para transformar o planeta em que vivemos, é imprescindível que você participe ativamente da corrente universal do bem como mais um soldado que luta em prol do amor que Deus plantou nos corações dos homens. É hora de contribuir com sua parcela na defesa desse ideal divino. Com preces, pensamentos positivos e, principalmente, com suas atitudes fraternas, o amor que você tem dentro de si será o lenitivo para os que sofrem. Ame indistintamente todas as criaturas para sentir em si a presença de Deus iluminando os seus caminhos."

HOMEM, PALAVRA, PENSAMENTO é uma fonte inesgotável de sabedoria para todo caminhante que deseja alcançar a prosperidade interior.

Outras obras de pensamentos publicadas pela RECORD/NOVA ERA

TEMPO DE SER LIVRE — J.B.W.
UM NOVO DIA — J.B.W.
AS PALAVRAS DE GANDHI — Richard Attenborough
NASCIDO PARA AMAR — Leo Buscaglia
VIVENDO, AMANDO & APRENDENDO — Leo Buscaglia
AMANDO UNS AOS OUTROS — Leo Buscaglia
ASSUMINDO A SUA PERSONALIDADE — Leo Buscaglia
AMOR — Leo Buscaglia
O PARAÍSO FICA PERTO — Leo Buscaglia

Do mesmo autor:

MOMENTOS A SÓS (Máximas)
SABEDORIA DE A A Z (Máximas)
VIAJANTE (Contos)

Iran Ibrahim Jacob

HOMEM, PALAVRA, PENSAMENTO

CIP-Brasil. Catalogação-na-fonte
Sindicato Nacional dos Editores de Livros, RJ.

J16h   Jacob, Iran Ibrahim, 1955-
       Homem, palavra, pensamento / Iran Ibrahim
       Jacob. — Rio de Janeiro : Record, 1995.
                      (Nova Era)

       1. Máximas. 2. Meditações. I. Título.

                                CDD — 808.88
95-0069   CDU — 82-84

Copyright © 1995 by Iran Ibrahim Jacob

EDITORA AFILIADA

Direitos exclusivos desta edição reservados pela
DISTRIBUIDORA RECORD DE SERVIÇOS DE IMPRENSA S.A.
Rua Argentina 171 — 20921-380 Rio de Janeiro, RJ — Tel.: 585-2000

Impresso no Brasil

ISBN 85-01-04183-1

PEDIDOS PELO REEMBOLSO POSTAL
Caixa Postal 23.052 — Rio de Janeiro, RJ — 20922-970

DEDICATÓRIA

Dedico este livro a todos aqueles que buscam a luz do entendimento e da evolução.

A

Abandono

Por que lamentar se um amigo ou um grande amor o abandonou?

Saiba valorizar a si mesmo antes de valorizar os outros. Os verdadeiros amigos jamais o abandonariam. Portanto, saiba distinguir, dentre as pessoas que o rodeiam, aquelas que lhe são leais e que merecem respeito e consideração. Muitos amigos sinceros surgirão ainda em sua vida se você também usar de honestidade em seus sentimentos.

O amor que você tem dentro de si há de encontrar respaldo em alguém que verdadeiramente o mereça. Pense que hoje, exatamente hoje, é o dia de recomeçar uma vida nova, cheia de esperança, paz e otimismo e, sobretudo, preenchida por amizades verdadeiras e um grande amor correspondido.

Já parou para pensar que Deus jamais o abandonou?

Abatimento

Quem se deixa abater dá votos à infelicidade.

O ser humano expressa-se exteriormente de acordo com os sentimentos interiores. Quando se sentir abatido por qualquer problema ou motivo, lembre-se de que você possui uma arma poderosa capaz de resolver quaisquer infortúnios: a esperança.

E é justamente a esperança da felicidade que transformará seu abatimento em força de vontade para mudar os rumos de sua vida. Não se deixe abater. Se pensar bem, você verá que os problemas não são tão graves assim.

Dê votos à felicidade para que ela possa, doravante, fazer parte de sua existência.

Abnegação

A vida oferece muito, mas poucos são capazes de perceber. A abnegação é uma atitude nobre que enaltece os brios dos sentimentos humanos. Entretanto, tenha a sabedoria de saber discernir a diferença entre abnegação e a renúncia inútil e desnecessária. Renunciar ao que a vida oferece é negar as dádivas de Deus, que presenteou seus filhos com amor, com tudo de bom que a natureza e a própria vida proporcionam.

Você é o dono de si e de seus atos. Se não prejudicar aos semelhantes, o direito é seu de viver e usufruir de tudo que a oportunidade lhe oferecer.

Você pode ser um abnegado, mas jamais despreze ou desperdice os bons momentos e as boas oportunidades de ser feliz.

Aborrecimento

O aborrecimento de hoje será a experiência que o auxiliará no futuro.

Não existe alguém sobre a face da Terra que nunca tenha sofrido um aborrecimento. E você não é exceção. Use os aborrecimentos que surgem como prova para seu crescimento e desenvolvimento psicológico e espiritual.

São exatamente os maus momentos que fazem o ser humano aprimorar-se, tornando-o mais resistente aos problemas futuros. Seu aborrecimento atual é apenas uma fase passageira, tão passageira que, quando você perceber, ela já pertencerá ao passado.

Aceite os aborrecimentos como coisa natural da vida. Assim, só assim, eles se tornarão bem menores, e a sua felicidade, bem mais fácil de ser alcançada.

Aborto

Excetuando-se os casos necessários, o aborto é um ato infantil, praticado exclusivamente por adultos.

Se você se julgou adulto para praticar o sexo que resultou na concepção do filho que está por vir, deverá ser também suficientemente maduro e consciente para responsabilizar-se pelos seus atos.

Pare e pense bem nas conseqüências de sua atitude. Você carregará consigo, para sempre, um peso tão grande na consciência que jamais terá paz; por isto, eleve o pensamento a Deus e agradeça pelo momento de reflexão.

A criança que está por vir é a única e singular em todo o universo. Mesmo que, daqui a algum tempo, você queira outro filho, ele jamais será o mesmo que hoje luta por sobreviver.

A oportunidade é única. Pense um pouco.

Abstenção

Quem pratica a abstenção busca uma recompensa física, mental ou espiritual.

Todo ser humano tem seus princípios próprios e uma maneira particular de visualizar a vida. O importante é que você saiba respeitar o ponto de vista e a vontade alheios, para que todos possam respeitar os seus.

Entretanto, saiba dosar e equilibrar o ímpeto de sua abstenção para não cair nas profundezas do fanatismo. A abstenção deve ser uma escolha, e não uma imposição. Por escolha, ela é sentida como um prazer, mas, por imposição, ela escraviza o seu eu e o torna infeliz e frustrado.

Equilibre-se e pondere a sua razão para não sofrer.

Absurdo

Não exagere os absurdos que lhe surgem. Absurdos acontecem e existem em qualquer parte do mundo.

O autor de qualquer absurdo não chega sequer a sensibilizar-se com o disparate cometido. Por isto, não dê importância a mesquinharias de pessoas despreparadas e vulgares.

Entretanto, precavenha-se e certifique-se de que o absurdo não irá prejudicá-lo futuramente. Você pode e deve se defender, valendo-se dos seus direitos, mas não permita que isto lhe roube a paz e desvirtue os seus sentimentos.

Afinal, quem se importa com absurdos, num mundo cheio de absurdos?

Abuso

Procure não abusar de si mesmo nem dos outros.

Se abusar de seu corpo, mente e espírito, você estará fadado a um desgaste irreversível, com conseqüências imprevisíveis. No futuro se colhe o que no presente se semeia. Seja sensato e saiba equilibrar sua vontade, racionalmente.

Abusar de seu semelhante é sinônimo de inconveniência. Por mais que alguém tenha o espírito fraterno de auxiliar o próximo, não extrapole os limites, para não incomodar os outros. Abusar da vontade alheia é desrespeitar o sentimento que seu semelhante tem por você.

Saiba dosar seu ímpeto para não prejudicar a si e não importunar os outros.

Ação

Analise sensatamente sua maneira de agir e faça uma análise de si mesmo.

Se ontem você agia por instinto e por vontade, hoje deve agir pela razão e pela lógica. O ser humano implica um processo dinâmico, ou seja, amanhã você não será o que é hoje. Tudo cresce, evolui e muda.

E são exatamente as ações que se praticam que moldam o futuro de cada um. O modo de agir e de se comportar é que definirá se o futuro será de alegrias ou de tristezas.

Doravante, procure acertar ao máximo para não haver necessidade de refazer sua vida.

É no amanhã, somente no amanhã, que você agirá pela experiência.

Acaso

Nada acontece por acaso.

Nada acontece por acaso em sua vida, e tudo tem uma razão de ser. Perceba os fatos e acontecimentos que surgem em seu caminho como o resultado das vibrações emitidas pelo seu pensamento.

Você comanda sua vida, e o destino que lhe é reservado depende única e exclusivamente de ações que você pratica no presente.

Deus sabe lhe dar as oportunidades na hora apropriada. O importante é que você reconheça o momento exato destas oportunidades e que usufrua sabiamente dos acontecimentos que lhe surgem para crescer, prosperar e evoluir.

O acaso é o azar dos pessimistas e a sorte dos otimistas.

Aceitação

Aceite as coisas como são para poder viver melhor.

De nada adianta revoltar-se contra o mundo se dentro de você não existe um ideal justo e humano, com bases sólidas para desenvolver-se num trabalho construtivo e humanitário. A sabedoria consiste exatamente na aceitação dos fatos que não podem ser mudados, e você deve lutar por seus ideais se realmente os julgar consistentes e respeitáveis.

Se o seu objetivo for para o bem, a sabedoria divina saberá proporcionar-lhe os meios para que os seus propósitos sejam alcançados.

A aceitação servirá para torná-lo cada vez mais forte e confiante em sua vitória.

Acerto

Não se julgue dono da verdade e da certeza.

Você pode ter acertado muita coisa em sua vida, mas não se esqueça de que também já errou bastante. Ninguém está isento de erros, tampouco você. Lembre-se de que a perfeição pertence apenas a Deus, e é justamente o que todos nós almejamos.

Quantas vezes você supôs ter errado e, mais tarde, percebeu que os caminhos tortuosos o conduziram ao patamar da felicidade? É que Deus, às vezes, escreve certo por linhas tortas. O acerto e o erro são incógnitas que nem mesmo a razão sabe discriminar.

O ser humano, quando diz que acertou, está apenas dizendo que praticou um erro que deu certo.

Aconchego

O aconchego é o paraíso particular de cada um.

Não há lugar melhor no mundo do que a sua casa. É lá que você se sente protegido e desfruta do aconchego que somente o seu lar é capaz de oferecer. Valorize esse espaço que é seu e sinta as bênçãos que recaem sobre a casa que o abriga e o conforta.

O aconchego, além de despertar sentimento de proteção, propicia a liberdade que você merece. Sinta-se feliz por possuir um lar que, por mais humilde que seja, é abençoado por Deus.

Você é um grande privilegiado que precisa apenas conscientizar-se da grande felicidade que o aconchego de sua casa é capaz de oferecer.

Admiração

A admiração espelha o íntimo e os nossos sentimentos mais secretos.

Saiba admirar aqueles que cresceram, lutaram e venceram na vida. Espelhe-se em seu irmão corajoso para também prosperar e ser feliz. O importante não é só admirar, mas usar da admiração como mola propulsora e geradora de forças que o elevará aos patamares mais altos e sonhados.

E, para transformar um sonho em realidade, você precisa trabalhar e enfocar sua mente em seus propósitos.

Vá, conquiste o espaço que lhe é de direito para realmente ser feliz.

Adolescência

O adolescente é uma criança adulta e uma pessoa infantil.

Tente entender a fase dos adolescentes colocando-se no lugar deles. Procure lembrar-se da época em que você era tratado nem como criança nem como adulto.

Nesta etapa difícil da vida de um ser humano, é preciso antes de tudo o diálogo e entendimento. Além da infância, a adolescência é a base de formação da estrutura de uma personalidade. Se parte da personalidade é em função do meio em que se vive, você também é responsável pela formação dos jovens que o rodeiam.

Acautele-se portanto com palavras, atos e exemplos. Tranqüilize sua consciência através da compreensão que você deve dispensar aos adolescentes.

Adultério

O adultério é um triângulo amoroso em que três pessoas se enganam mutuamente.

Para que enganar aos outros e, principalmente, a si mesmo? Se você sente necessidade de trair seus sentimentos é porque tais sentimentos não existem. Portanto, procure ser maduro e autêntico e assuma que o relacionamento terminou. Ninguém pode cobrar-lhe sentimentos que você não é capaz de retribuir.

Se você se conscientizar de que sua vida deve mudar e que será feliz ao lado de outra pessoa, seja sincero com os outros e consigo mesmo. Saiba entretanto depois arcar com as devidas conseqüências.

Você, somente você, comanda sua vontade e seu destino.

Afeto

O afeto é também manifestação de amor.

E a manifestação de amor é a maior prova de que Deus é nosso pai e criador.

Transmitindo afeto a todas as criaturas, indistintamente, vegetais, animais ou humanos, é que sentimos e recebemos o amor puro e universal. O afeto que você dedica não lhe subtrai nada, mas acrescenta-lhe riqueza interior, paz de espírito e, principalmente, a conscientização de seu papel como ser humano.

Quem vive sem afeto senão o egoísta, fadado à solidão e ao esquecimento?

Você, criatura consciente, merece ter o prazer de transmitir afeto aos seus semelhantes.

Afinidade

Os seres humanos tendem a ter afinidades pelas pessoas que possuem qualidades semelhantes às deles, mas, na maioria das vezes, são justamente os defeitos que os agrupam.

Analise sensatamente se os que o rodeiam possuem defeitos parecidos com os seus. Você, criatura que busca a perfeição, deve tentar pelo menos amenizar o seu lado negativo e mostrar aos que o cercam que é hora de mudar para melhor. Se fizer uma autocrítica, perceberá que seus defeitos não são tão graves, e que o importante é amadurecer e aperfeiçoar-se.

Dê um passo à frente em busca de dias melhores, mas não se esqueça de trazer consigo todos que o rodeiam.

Aflição

Não se aflija se um problema lhe rouba a paz.

Quando se sente aflição, um pequeno momento pode parecer maior do que a própria eternidade. Saiba ter paciência com as situações embaraçosas de sua vida e, principalmente, saiba esperar com naturalidade a resolução das mesmas.

Entretanto, você não deve ficar apático e deixar que as coisas aconteçam. Ao contrário, você deve ser atuante, ativo, e trabalhar para que o problema seja solucionado rapidamente, sem permitir que a aflição lhe tire a sensatez e o senso prático.

Tenha calma e tranqüilidade, mas seja determinado e lute corajosamente pela consagração de seus propósitos.

Afobação

Saiba esperar com naturalidade o sucesso de seus empreendimentos.

Lembre-se de que você não poderá viver ou agir mais do que vinte e quatro horas por dia. Para que se afobar? A afobação só servirá para roubar-lhe a sensatez e o raciocínio. Procure ter calma e paciência para poder resolver os problemas naturalmente.

O afobado costuma resolver os problemas pela metade, perdendo assim o tempo precioso e irrecuperável.

A afobação não deixa de ser inimiga da perfeição.

Afronta

Não afronte a inteligência dos outros, menosprezando a capacidade das pessoas.

Você pode ser dotado de um nível de conhecimento e de experiências suficientes para servir como modelo e exemplo para muitas pessoas. Entretanto, saiba ser humilde e resguarde-se de enaltecer os próprios méritos, ao falar de si e de suas qualidades.

Respeite o grau de entendimento e de compreensão dos outros, e não se julgue superior. Saiba que, embora alguém não tenha o seu nível intelectual, ele poderá possuir experiências que você, criatura inteligente, deve procurar aprender.

Cada ser humano traz em si um ensinamento e uma verdade.

Agonia

A agonia só serve para aumentar os seus problemas.

É em momentos de aflição e angústia que se sente o desamparo e o medo. Procure, nestes momentos, ser racional e lógico. Se houver como agir para solucionar ou amenizar o problema, faça-o imediatamente, com toda certeza e convicção.

Entretanto, se você realmente nada puder fazer, confie e acredite que tudo se resolverá da melhor forma possível.

Mentalize positivamente o sucesso de seus empreendimentos e acredite na força divina que o ampara em quaisquer circunstâncias.

Agrado

Procure ser agradável constantemente.

É o agrado que desencadeia o processo de simpatia que consolida as amizades e os relacionamentos. Você deve fazer agrados, mas de forma natural e espontânea, para que sua atitude não soe com falsidade e lisonja.

A pessoa naturalmente agradável conquista muitos amigos, sendo admirada e respeitada por todos. A autenticidade do agrado demonstra firmeza de caráter, respeito e equilíbrio de quem o pratica. Para ser agradável, é indispensável o sorriso franco, que cativa os corações das pessoas sensíveis.

Agindo assim, você será uma pessoa bem-conceituada e amada por todos.

Agressividade

Controle a agressividade para o seu próprio bem.

Quem tem tendência à agressividade costuma ter mágoas no coração e ressentimentos profundos. Por que supor que as pessoas são inimigas em potencial, prontas para lhe dar um bote?

Procure também enxergar o lado positivo das pessoas. Passividade, entretanto, o deixará em subjugação aos outros. Você pode ser calmo e controlado, mas não permita que as pessoas o façam de tolo e abusem de sua boa vontade. Dinamismo e coragem estão muito longe da agressividade, que é própria dos fracos e dos incompetentes.

É nos momentos de agressividade que você poderá cometer atos que o deixarão arrependido para o resto da vida.

Ajuda

Ajude os semelhantes, mas não assuma os seus problemas.

A ajuda só tem valor se não houver interesses de recompensa. É ajudando que transferimos para os outros o amor que sentimos por nós mesmos.

Entretanto, precavenha-se para não se deixar transtornar pelos problemas das outras pessoas. Você deve ter a máxima boa vontade, desprendimento e espírito de abnegação, mas não carregue consigo os problemas dos outros. A vida é uma escola, e todos nós precisamos estudar para ser aprovados. Colabore com seu irmão, mas permita-lhe vencer os obstáculos pelos próprios esforços.

Somente assim você estará de fato ajudando os outros.

Alegria

A alegria é o trampolim da felicidade.

De que adianta possuir riquezas, ser bem-sucedido e gozar de boa saúde se não existir alegria em seu coração?

Quando se é alegre, os problemas se tornam menores, e a vida, muito mais cheia de emoção. A alegria é a força da juventude que pulsa em seu ser. Desperte!

Aproveite os bons momentos e saiba dar valor aos acontecimentos e às suas vitórias. Transmitindo aos que o cercam a energia positiva de sua alegria, as pessoas sentirão prazer em conversar com você.

Saiba sorrir para a vida a fim de que ela seja a sua própria alegria de viver.

A partir daí, a felicidade estará permanentemente ao seu lado.

Alienação

A alienação é o disfarce dos egoístas.

O alienado vive para si e não se preocupa com os problemas dos outros. Você, criatura humana, necessita estar integrada ao contexto social para participar e ajudar o seu próximo. É muito mais fácil esconder-se atrás da capa da alienação para fugir dos problemas. Para o alienado, a vida reserva a solidão e a melancolia.

Procure atualizar-se, tomando conhecimento dos acontecimentos, e leve sua parcela de participação. O mundo e as pessoas precisam de sua força.

Mostre-se aos outros e você descobrirá quanta alegria isto lhe trará.

Alívio

O alívio não deixa de ser um pequeno momento de felicidade.

O importante é que, a partir daí, você possa realmente dar valor às pequenas coisas que julgava sem importância. O alívio também é uma lição de vida e uma maneira de amadurecer o modo como encaramos a própria vida. É se sentindo aliviado que a felicidade lhe oferece outra vez a oportunidade de estar ao seu lado.

Conscientize-se da relevância deste momento e agradeça a Deus por poupá-lo de um dissabor.

A vida é o presente que Deus lhe deu, e você, por agradecimento, deve usufruir dela sensatamente.

Alma

A alma é o átomo de Deus, a substância.

Você, criatura humana, ilimitada em seus princípios e ainda

limitada em sua verdade, é uma centelha divina rumando para a perfeição.

Cuidar do corpo físico é um procedimento saudável e natural, mas o mais importante é sentir a presença da alma como fonte divina da vida. É a alma que sustenta a sua imortalidade, e é através dela que você viverá a noite dos tempos e gozará da presença de Deus por toda a eternidade.

Faça de sua vida uma estrada de amor para viver o sempre na companhia do Senhor.

Altruísmo

Não pense somente em si, mas lembre-se de seu irmão menos afortunado.

O altruísmo é o sentimento fraterno que pulsa nos corações daqueles que são conscientes da transitoriedade da vida.

O altruísta é, antes de tudo, um abnegado, e sua felicidade só é completa se estiver trabalhando em prol da felicidade alheia. Lute por dias melhores, mas não se esqueça de ajudar o próximo com boa vontade, levando-lhe pelo menos uma palavra amiga de incentivo e consolo.

Quem não se sente feliz ao ver a felicidade dos outros jamais conhecerá a própria felicidade.

Amabilidade

A amabilidade não é sinônimo de boa educação.

A educação, em si, é uma obrigação de qualquer ser humano. A amabilidade, entretanto, é uma característica especial das pessoas sensíveis e de boa formação. Procure ser amável com os outros, mas não se preocupe em agradá-los. Seja simplesmente natural e espontâneo; não há necessidade de tentar impressionar as pessoas de seu convívio.

Se assumir sua verdadeira personalidade com os amigos, tratando-os de forma cortês e respeitosa e, principalmente, usando de franqueza construtiva, você sem dúvida será considerado uma pessoa amável, educada e confiável.

Amadurecimento

O amadurecimento não é função da idade, mas resultante do acúmulo de experiências ao longo da vida.

Por muito que você hoje se julgue maduro, amanhã estará ainda mais. O desenvolvimento do ser humano é constante e dinâmico, e cada dia é mais uma lição de vida que aprendemos.

Não se julgue o dono da verdade, da sabedoria e da experiência.

Você ainda há de aprender muita coisa em seu caminho. O ser humano é um eterno aprendiz, que acumula experiências até o dia de sua morte.

Conscientize-se de sua grandeza como filho de Deus, mas saiba ser humilde na demonstração de suas experiências.

Ambição

A ambição é um sentimento saudável, desde que seja para o bem pessoal e coletivo.

É ela a mola propulsora que incentiva os ideais e norteia o rumo de sua vida. Entretanto, saiba dosar este sentimento para que ele não desperte ganância e mesquinharia. Você pode e deve lutar por grandes conquistas, mas de maneira saudável e coerente.

Procure ser consciente da transitoriedade da vida e não se apegue tanto aos bens materiais. É usando de equilíbrio e bom senso que você será bem-sucedido em seus empreendimentos, sem despertar sentimentos negativos que possam corromper a sua própria verdade.

Ambientação

O ambiente somos nós mesmos que fazemos.

Saiba ambientar-se em qualquer meio que for necessário.

Entretanto, precavenha-se para não se deixar influenciar por grupos ou pessoas desajustados. Não vire as costas ou menospreze seja lá quem for, pois cada ser humano tem o seu valor e traz em si experiências aproveitáveis.

O importante é saber selecionar devidamente as pessoas que de fato merecem a sua confiança e que possuam pensamentos afins.

Você pode e deve ter relações sociais indiscriminadas e despreconceituosas, mas conviva com aqueles que coadunam com a sua verdade e que o prezam da maneira como você realmente merece.

Amizade

A verdadeira amizade consiste na cumplicidade de nossos acertos e na crítica construtiva de nossos erros.

O verdadeiro amigo é aquele que aplaude o nosso sucesso e torce por nossa vitória. Entretanto, ele também participa das derrotas e está ao nosso lado nos apoiando nos momentos difíceis. Saiba valorizar os companheiros de jornada que são sinceros e que lhe dizem a verdade de maneira franca e construtiva. Distinga dentre as pessoas de seu convívio aquelas que realmente lhe querem bem e que não sejam apenas meros oportunistas que abusam de sua boa vontade.

A amizade é um tesouro sem preço, e ela só sobrevive avalizada pela verdade.

Amor

Sinta o amor pulsando em tudo que vê.

Se Deus é amor, o mundo em que vivemos deveria ser de paz, harmonia e felicidade. Para transformar o planeta em que vivemos, é imprescindível que você participe ativamente da corrente universal do bem como mais um soldado que luta em prol do amor que Deus plantou nos corações dos homens.

É hora de contribuir com sua parcela na defesa desse ideal divino. Com preces, pensamentos positivos e, principalmente, com suas atitudes fraternas, o amor que você tem dentro de si será o lenitivo para os que sofrem.

Ame indistintamente todas as criaturas para sentir em si a presença de Deus iluminando os seus caminhos.

Analfabetismo

Todos nós, sem exceção, nascemos analfabetos.

A oportunidade que a vida oferece a cada um é que possibilita a chance de ser alfabetizado ou não. Tente imaginar-se analfabeto e perceba quantas trevas invadem-lhe a mente, obscurecendo o raciocínio e deturpando o discernimento.

O analfabeto carece de apoio e precisa do respeito de todos nós. Lembre-se de que ele não teve a oportunidade que você teve, e, portanto, merece consideração. Em vez de criticá-lo, procure orientá-lo da melhor forma possível.

Assim, você estará praticando um ato de amor para com o seu irmão.

Angústia

Quem vive angustiado sem ter razões de ser acaba criando razões para viver angustiado.

Liberte-se desse sentimento negativo que corrompe seus ideais e lhe debilita a razão. Se perceber que vai ficar angustiado, procure preencher o tempo trabalhando em prol de um ideal justo e humano. A vida é bela, e você precisa enxergá-la dessa forma.

Não seja pessimista e desfrute de tudo que puder de maneira saudável e equilibrada. Há muitas pessoas que gostariam de estar em seu lugar e ter as suas oportunidades. Deixe a angústia para os frustrados e incompetentes.

Você é suficientemente forte para recomeçar a vida e viver a felicidade plena.

Animais

Os animais são também nossos irmãos, lembre-se disso. E, sendo também criados por Deus, merecem o nosso carinho e proteção.

Eles não matam por prazer, como o homem costuma fazer, mas movidos pelo instinto de sobrevivência que o próprio Criador lhes legou.

Emitindo pensamentos de amor para os animais você constatará o quanto eles também o amam, e perceberá a sua fidelidade de sentimentos. Se você ama realmente o Senhor, deve também saber amar as suas criaturas.

Lembre-se: você faz parte da natureza, e sem ela jamais sobreviverá.

Aniversário

O aniversário é uma data repetitiva que confirma nossa existência, sem que saibamos de onde viemos, quem somos e para onde vamos.

Entretanto, é principalmente nesta data especial que você deve agradecer a Deus a graça de viver. É neste dia único para cada um que se deve pesar e repensar os próprios valores. É imprescindível, neste dia, fazer um balanço da própria vida, traçar metas, planos e objetivos para mais um ano que nasce.

O aniversário é uma dádiva divina, é o marco de mais uma vitória que você alcançou.

Viva este dia intensamente, sentindo com prazer cada segundo que passa. E lembre-se: cada segundo que passa não volta jamais.

Ansiedade

A ansiedade gera ansiedade.

Procure conscientizar-se de que a ansiedade é apenas uma crise passageira, que é muito mais freqüente nas pessoas que desacreditam no sucesso de seus empreendimentos.

Seja corajoso e, sobretudo, saiba ser otimista em relação aos seus propósitos. Acredite firmemente que você conseguirá atingir os objetivos aos quais se propõe e lute por eles, com vontade e dedicação. Ficar ansioso não resolverá o seu problema: só o tornará cada vez maior.

Tente manter-se em equilíbrio e saiba ter paciência para que a sua vitória seja conquistada na hora certa e no momento apropriado.

Antipatia

Não existe alguém totalmente simpático ou antipático.

O que gera simpatia ou antipatia são as vibrações que cada um de nós emite e que encontram ou não ressonância nas pessoas que nos observam.

Portanto, procure ser simpático, mas de forma natural e espontânea. Camuflar sentimentos e expressões, na maioria das vezes, soa como falsidade e hipocrisia. Seja você mesmo, simples e natural, e trate bem seu semelhante para receber dele o retorno de que você também necessita. Lembre-se de que ninguém consegue viver sozinho, e aquele que gera antipatia estará fadado à solidão.

Mesmo agindo assim, você não conseguirá agradar a todos, mas sem dúvida conquistará grandes aliados e amigos sinceros.

Aparência

A aparência é uma ilusão capaz de enganar apenas aqueles que vivem em função dela.

Evidentemente, a aparência é muito importante, sobretudo

como primeira impressão, mas não se descuide de cultivar o seu interior, alimentando-o com cultura e sabedoria.

Da mesma forma, tome cuidado para não se deixar levar pela aparência dos outros. Procure dar o valor às pessoas pelo que elas são no íntimo, e não se deixe levar pela imagem que alguém lhe transmite, que às vezes pode ser enganosa e traiçoeira.

Seja equilibrado, cuidando de sua aparência e cultivando o seu interior, e precavenha-se ao fazer avaliações das pessoas baseando-se em meras aparências e suposições.

Apatia

Viva intensamente os bons momentos.

Por que ficar apático e indiferente perante os acontecimentos que lhe surgem? O que há com você? Você precisa vibrar e dar valor à felicidade. Quantos dariam tudo que têm para estar em seu lugar?

Para que você de fato encontre a felicidade, é indispensável primeiramente que a sinta dentro de si. Permita que as emoções se exteriorizem e sorria para a vida. Valorize a si mesmo e sinta a juventude pulsando dentro de seu ser.

A vida é bela, e você, por direito universal, precisa usufruir plenamente do que ela é capaz de oferecer-lhe.

Você precisa, urgentemente, aprender a ser feliz!

Apego

O apego é uma forma de amar que, em certas circunstâncias, lhe pode ser prejudicial.

Não permita que o apego atrase seu desenvolvimento, seja no setor profissional ou pessoal. Você pode e deve amar a tudo e a todos que lhe são caros, mas saiba dosar o apego que poderá desviá-lo do verdadeiro caminho que o fará crescer, amadurecer e prosperar.

A vida que Deus lhe deu é sua e somente sua, e, por isso,

você deve aproveitar as boas oportunidades que surgem, para mais tarde não se arrepender.

Dê o carinho e o amor a todos que o prezam, mas cuide-se para que o apego excessivo não destrua os seus ideais.

Apoio

Não cobre do semelhante o apoio que você lhe dispensou.

O apoio que se dá aos outros necessita, principalmente, de espontaneidade. Se alguém precisar de conselhos e de sua força para resolver problemas, você deve fazê-lo desprendidamente, usando a fraternidade que habita em seu coração.

Acautele-se entretanto para que você não seja conivente com idéias absurdas e inconseqüentes, que poderão trazer-lhe remorsos no futuro. Apoiar, antes de tudo, é tentar mostrar ao semelhante o melhor caminho que ele deve tormar, seguindo a orientação própria que a vida e a experiência lhe mostram.

Apóie incondicionalmente a quem quer que seja, mas consulte a sua consciência antes de emitir qualquer opinião.

Arbitrariedade

É respeitando que se é respeitado.

Você pode ser dono de uma estrutura inabalável e julgar-se o dono da verdade; entretanto, não tente impor sua vontade e maneira de agir às outras pessoas. Isto demonstra falta de respeito e arrogância.

Cada um tem a opinião própria e o caráter definido, e nada é mais desagradável do que sermos pressionados pelos semelhantes. Se agir assim, as pessoas se aborrecerão e se afastarão de você.

Saiba ser natural e humilde, e não tente impor suas idéias, para não gerar sentimentos de antipatia. Seja simples e espontâneo, e permita que as pessoas sejam como são.

Respeite a maneira de ser do próximo para que a sua maneira também seja respeitada.

Ardor

O ardor não é o caminho para o amor.

Procure controlar o sentimento impulsivo do ardor, que poderá desviá-lo da razão e cegar a sua própria consciência. É fundamental que você se acautele quando o entusiasmo tomar conta de você. É preciso que as devidas conseqüências sejam minuciosamente pesadas e analisadas para que não haja arrependimento futuro.

O ardor é uma paixão que muitas vezes cega os próprios sentimentos e que poderá levá-lo a tomar atitudes precipitadas.

Procure ser consciente dos seus atos e encare os acontecimentos de forma natural, para que você possa controlar positivamente as suas emoções.

Arrependimento

O arrependimento serve apenas para prendê-lo ao passado, fazendo-o reviver maus momentos.

Liberte-se desse sentimento inútil que nada pode lhe acrescentar a não ser influenciar negativamente o seu presente. Você deve arrepender-se apenas do que *não* fez. Na vida, o malsucedido não deixa de ter um quê de experiência que lhe servirá para crescer e amadurecer.

Não se prenda ao passado infeliz que o tortura, e use os maus momentos como fonte de desenvolvimento pessoal. Não perca tempo arrependendo-se de fatos que estão mortos e enterrados.

Siga em frente, pois quem tem experiência tem tudo para vencer na vida.

Arrogância

Não permita que a arrogância se manifeste em você.

Não há quem suporte um arrogante, sempre querendo mostrar-se superior aos outros. No fundo, ele não passa de um complexado que vive num mundo cuja realidade é corrompida por fantasias próprias.

Você, criatura que busca o equilíbrio e o aperfeiçoamento, deve cultivar a humildade ao falar de si e de suas qualidades.

Não há necessidade de incrementar os próprios valores. Agindo de forma natural e espontânea e, principalmente, cultivando um ideal justo e saudável, as suas qualidades obviamente serão ressaltadas pelo trabalho que você desempenha.

A arrogância é a máscara dos incompetentes.

Aja com coragem e humildade, e o seu trabalho, sem dúvida, será reconhecido por todos.

Arte

A arte é a expressão da alma.

Se dentro de você existe a força da arte que luta por desabrochar, dê-lhe espaço. Nada mais sublime e fabuloso do que descobrirmos os dons maravilhosos que o Criador nos legou. Deus, em Sua sabedoria infinita, privilegia a todos os filhos, dotando-os de capacidades próprias e talentos particulares.

Descubra o mundo maravilhoso da arte que habita dentro de você e mostre-o aos outros, com pureza d'alma e de sentimentos.

A partir do instante em que você se descobrir dono de potenciais ilimitados, a vida terá muito mais sentido.

Sua vida se tornará uma alegria sem fim.

Assunto

Assuntos comuns são para pessoas comuns.

Os conceitos que as pessoas fazem de nós baseiam-se na imagem que temos e, principalmente, nas palavras e pensamentos que emitimos.

Obviamente, você não precisa podar-se para ser agradável ou ter bom conceito perante as pessoas. Se usar a inteligência para discutir assuntos relevantes e mostrar a sua capacidade de entendimento e compreensão, você sem dúvida será admirado e conquistará grandes amigos.

Ninguém é capaz de agradar a todos, mas o importante é ter a consciência tranqüila de não estar ferindo a sensibilidade de seu próximo.

Acautele-se portanto com assuntos e palavras que poderão rotulá-lo, contribuindo assim para denegrir a sua imagem.

Atenção

A atenção é o segredo do sucesso.

Nada mais desagradável e irritante do que alguém desatencioso para consigo mesmo e com os outros. A vida, pela própria lei da sobrevivência, exige atenção redobrada. Dê atenção ao seu corpo, mente e espírito e, necessariamente, às pessoas que o rodeiam.

Ponha os pés no chão e encare a realidade que se apresenta a você. Se tiver atenção nos empreendimentos, sua vida será coroada de êxito e felicidade. Se divagar em pensamentos inúteis, estará perdendo um tempo precioso e irrecuperável.

Doravante, dê a atenção precisa à sua vida, aos seus propósitos, e também aos semelhantes que necessitam de ajuda e de sua experiência.

Atividade

A atividade incentiva o gosto pela vida.

O homem é uma máquina cujas engrenagens, cessando a atividade, tendem a enferrujar-se.

O trabalho é o tempero da vida. Procure estar permanentemente em atividade para que você se sinta útil. Preenchendo o tempo com atividades, seu físico e mente estarão constantemente renovados. Deixe a preguiça e a indolência para os incompetentes e os frustrados.

Você pode dar muito de si para ajudar os outros e, principalmente, para que sua vida seja coroada de felicidade. Saiba dosar, entretanto, a carga das atividades para que seu corpo e mente tenham o descanso merecido.

Sinta a juventude dentro de si em tudo que fizer.

Atração

A atração é a primeira força que procura unir dois seres.

E são justamente os semelhantes que tenham a se agrupar e a se unir. Entretanto, analise conscientemente se a atração não passa de um impulso físico, passageiro, que poderá iludi-lo. Não se apegue a sentimentos transitórios que só servem para enganá-lo e frustrá-lo.

A comunhão de dois seres requer muito mais do que uma simples atração, que, com o tempo, desaparece, deixando marcas e ressentimentos. Não vale a pena viver a fantasia de um momento que, mais tarde, só lhe deixará um enorme vazio e o sentimento de derrota.

Dê o valor preciso a si e aos outros.

Atraso

Evolua em seus pensamentos.

Nada mais deprimente do que pessoas de mente curta e pensamentos retrógrados. Atualize-se!

Procure encarar a vida por um ângulo mais abrangente de entendimento e compreensão. Liberte-se dos grilhões da ignorância e do atraso. Você é uma criatura inteligente, sensata, e que precisa desenvolver o pensamento para melhor compreender as pessoas e também a si mesmo.

O mundo mudou e você precisa acompanhá-lo, senão ficará para trás, sozinho, preso ao passado e sob o jugo de leis ultrapassadas. Vamos, dê um passo à frente e conquiste seu espaço no presente e no futuro.

Lembre-se: a única coisa que se suporta do atraso é a chegada de uma boa idéia.

Aturdimento

Quando se está calmo, tudo fica mais fácil para resolver.

Se em determinada circunstância houver um aturdimento de sua parte e de outras pessoas, é exatamente nesse momento que você deve procurar ser forte e corajoso. É se controlando que você mostrará ter maior capacidade para resolver os problemas da vida.

Em situações difíceis, o desespero obscurece o raciocínio e o discernimento. É nessa hora que você deve assumir a responsabilidade de controlar-se para tentar controlar os outros.

Vença esse desafio, para fortalecer sua personalidade e dar segurança aos que o cercam.

Ausência

Muitas vezes, é justamente a ausência de alguém que lhe revela o seu verdadeiro valor.

A vida é passageira, e os bons momentos também o são. É imprescindível que você saiba valorizar as pessoas que o rodeiam, da maneira como elas realmente merecem.

Imagine a ausência de cada um e analise o quanto isto poderá transtorná-lo. Procure usufruir de toda a bondade que as pessoas lhe transmitem e retribua-lhes da mesma forma. O tempo não volta jamais, e as oportunidades são únicas.

Conviva saudavelmente com todos e aproveite os bons momentos, para mais tarde não se arrepender.

Austeridade

Não há quem não respeite a seriedade alheia.

O indivíduo sério, por si, impõe-se como pessoa digna de confiança, com inegável responsabilidade. Entretanto, acautele-se para não confundir austeridade com rispidez. A pessoa ríspida não respeita o ponto de vista dos outros e quer impor a sua vontade, a qualquer preço.

Você deve ser austero para defender os direitos que lhe competem, resguardando-se, obviamente, para não ferir os dos outros. A austeridade, bem cultivada e comedida, o fará respeitado e admirado por todos.

Seja firme em seus propósitos e transmita segurança às outras pessoas.

Autenticidade

Ser autêntico é não ter vergonha de si mesmo.

Procure ser você mesmo, autêntico e simples, e aja obedecendo às suas vontades e inspirações. Entretanto, não confunda autenticidade com vulgaridade.

Para que você tenha o direito de se expressar, há de ter, primeiramente, o dever de não incomodar os outros. Sinta-se orgulhoso por não querer usar a máscara da falsidade e da hipocrisia, mas acautele-se para não ferir as pessoas que carecem de respeito. O próximo não é obrigado a aceitá-lo da maneira como realmente é. A vulgaridade, entretanto, é a falsa autenticidade, que os inconseqüentes praticam.

Se você usar a autenticidade pura e espontânea, as pessoas o admirarão e o respeitarão.

Autoritarismo

Aprenda a obedecer para saber comandar.

Aqueles que têm o dom da liderança não são necessariamente autoritários, mas líderes por natureza. É preciso distinguir a diferença entre liderança e autoritarismo.

A liderança se faz sem pressionar o semelhante, e acontece de forma natural e espontânea, como conseqüência da personalidade marcante de alguém que se sobressai perante os demais. O autoritarismo, por sua vez, soa como imposição e rebaixa o ego das outras pessoas.

Você pode e deve ser um líder, em prol de qualquer objetivo

a que se propõe, mas não imponha sua vontade, para que as pessoas o sigam prazerosamente, conscientes e confiantes.

Avareza

O avarento é um iludido que raramente se lembra da transitoriedade da vida.

Por isto, a vida também se esquece dele e vai em frente, desperdiçada em si mesma.

Trabalhe para vencer e prosperar, mas tenha senso de equilíbrio para não permitir que a avareza o domine. Conscientize-se da insignificância do tempo de vida que você tem perante a eternidade e usufrua saudavelmente das dádivas que Deus lhe concedeu. Não se consegue viver sem o dinheiro, mas não faça dele a razão primeira de sua vida. O tempo passa rápido, e do mundo você levará apenas o seu aperfeiçoamento espiritual.

Aproveite a vida sabiamente para não se arrepender mais tarde.

Aventura

A vida não é uma simples aventura, mas uma missão divina que Deus nos incumbiu.

Procure conscientizar-se das verdadeiras razões que a vida tem, para que, a partir daí, você possa dar o valor preciso a tudo que o cerca. Viver não é uma aventura inconseqüente e não acontece por acaso.

Deus sabe o que faz, e sua participação no contexto da vida tem muita importância.

O papel que você deve desempenhar, portanto, é de absoluta crença no poder divino. Não faça de sua estrada uma aventura, mas um caminho que o leva à perfeição que o Senhor, por graça, concedeu.

Aversão

A aversão alimenta-se de ódio e vive pelo ódio.

Procure controlar esse sentimento negativo que atrasa o seu desenvolvimento e lhe corrompe a alma. Se alguém o feriu e o magoou, não guarde ressentimentos e precavenha-se para que a aversão não o domine.

Se não há possibilidade de reconciliação com o próximo, procure então pelo menos esquecer as ofensas e siga em frente.

Não se prenda ao que passou para não desperdiçar o tempo que lhe é precioso. Esqueça!

Em vez de sentir aversão, procure apagar definitivamente esse alguém de sua mente.

Agindo assim, você terá paz suficiente para ser feliz.

Azar

O azar só existe para quem teve o azar de acreditar nele.

Você, criatura inteligente, que busca o crescimento e o desenvolvimento, não deve se prender a crenças e superstições de pessoas fúteis e despreparadas. Creia na força que Deus lhe doou e não se prenda a cultos banais, que atrasam o seu desenvolvimento.

A vida é sua, e você pode comandá-la e guiá-la da maneira que deseja. Creia em sua força de vontade e, principalmente, coloque Deus acima de tudo. Evolua o pensamento e acredite no poder do pensamento positivo que constrói a vida que você deseja.

Você, somente você, é senhor do seu destino.

B

Banalidade

A banalidade não lhe permite crescer.

Doravante, preste atenção nos assuntos que você aborda. Nada mais desagradável do que ser classificado como pessoa banal. As futilidades nada lhe acrescentam, só contribuem para atrasar o seu desenvolvimento. Procure discutir assuntos relevantes para que você não seja tachado de imbecil.

Tenha senso de ridículo e não se permita importunar o próximo com assuntos banais, que só servem para diminuí-lo.

É tempo de mudar.

Seja inteligente para conquistar o respeito e a admiração dos outros.

Beleza

A beleza das coisas está nos olhos de quem vê.

Não idolatre a beleza de seu corpo físico. Não se esqueça de cultivar sua mente e o espírito, que estão protegidos do desgaste do tempo.

Sua beleza é temporária, assim como as flores da primavera. Cuide de seu corpo físico, mas dentro de um equilíbrio racional. Não se descuide da verdadeira essência que habita em você.

Com o passar dos anos, você verá que a beleza é uma ilusão.

Com sua mente e espírito preparados para o envelhecimento, você se conscientizará de que a verdadeira beleza existe dentro de cada pessoa.

(Do livro *Momentos a Sós*, do autor.)

Bem

Lembre-se do bem que lhe fizeram.

É fácil lembrar-se das boas ações que se pratica, mas o importante é lembrar do bem que alguém lhe fez.

O irmão abnegado que lhe prestou um favor no passado merece a sua gratidão. Você deve ter simplesmente a consciência tranqüila por ter cumprido a lição de fraternidade com o bem dispensado ao próximo. Quem semeia amor fraterno nos caminhos que trilha colherá as rosas do jardim eterno.

Faça de sua estrada o caminho do bem para viver na eternidade cercado de luz.

Bem-estar

O bem-estar não chega a ser a alegria, mas é o estopim que desencadeia o processo de ser feliz.

Todos buscam a felicidade, mas poucos sabem encontrá-la. Para ser de fato feliz, você há que primeiramente estar bem consigo mesmo. O primeiro passo para encontrar o caminho da paz e da felicidade é sentir bem-estar e consciência tranqüila. Mentalize positivamente que seu corpo, mente e espírito são perfeitos e vibre no diapasão da saúde e equilíbrio para que você sinta as vibrações divinas iluminando a sua vida.

O bem-estar depende do seu querer.

A partir do instante em que se sentir bem consigo mesmo, a felicidade estará apenas a um passo.

Blasfêmia

Os que blasfemam não sabem o que dizem.

Cuidado com as palavras que profere: uma vez ditas, elas o dominarão para sempre. Por mais que tente consertar um assunto, você já estará dependente dos pensamentos que ousou transmitir. Isto não significa que agora é tarde e que não há mais chance de reparar o erro. Ao contrário, o importante é que você reconheça o erro cometido e assuma para si mesmo o compromisso de mudança.

Seu arrependimento já é um grande passo para receber o perdão de Deus.

A oportunidade é toda sua, e você não deve perdê-la.

Bloqueio

Desbloqueie-se para encontrar o seu caminho.

Faça uma análise de si mesmo e busque dentro de si os motivos e razões que o impedem de crescer e amadurecer. Já é hora de encontrar o caminho que o levará à sua verdade.

Os problemas, mágoas, traumas e ressentimentos do passado devem ser utilizados como fonte de experiência para o seu desenvolvimento. Para que ficar preso e bloqueado pelo passado? O importante é conscientizar-se da nova vida que o espera. Coragem!

Você é forte o suficiente para se desprender e seguir em frente, confiante em sua vitória.

Boato

Por que se preocupar com o que dizem de você?

Siga em frente lutando por seus ideais e deixe o caluniador perder seu tempo, parado, sem progredir. O boateiro é antes de tudo um recalcado, que deseja constantemente transferir a sua incompetência, extravasando a inveja sobre alguém que é melhor do que ele.

Quando o boateiro perceber, você já terá progredido tanto que ele assistirá à sua vitória, derrotado pela própria inveja, e, a partir daí, o deixará em paz para sempre.

O mentiroso então escolherá outra pessoa para extravasar os recalques, traçando para si uma vida vazia e fútil, rodeado de pessoas falsas e mentirosas.

Bondade

Já viu alguma criança praticar maldade?

O ser humano nasce bom, mas a vida e o meio no qual ele vive podem influenciá-lo e tirá-lo do caminho do bem.

A bondade não é apenas uma qualidade, mas uma semente que Deus plantou no coração dos homens e que necessita apenas ser cultivada para crescer e florescer.

Dentro de você existe a semente do bem que você precisa cultivar e semear para iluminar o seu caminho e de seus semelhantes.

A bondade é a herança preciosa com que Deus o legou.

Briga

A maior derrota que alguém pode sofrer numa briga é quando o adversário a recusa.

Usar a força física para resolver questões é uma atitude que você deve evitar. Antes de qualquer coisa, o diálogo funciona como arma mais poderosa para desavenças.

Defenda os direitos com fé e coragem, mas procure não ultrapassar os limites para não ferir a sensibilidade alheia. Imponha-se através de sua personalidade, que, sendo forte e dominante, é mais do que suficiente para impressionar os outros, fazendo com que você seja admirado e respeitado.

Se tiver a consciência tranquila e impuser-se por si mesmo, você será um vencedor.

Brutalidade

A brutalidade não nasce da emoção.

Há momentos difíceis na vida que levam o ser humano a cometer atos incoerentes com sua verdade. É natural um dia você estar nervoso e sobrecarregado de problemas e descontrolar-se em ira e revolta. Entretanto, a brutalidade provém da perda de controle de uma tendência latente em quem a praticou O nervosismo pode ser controlado a partir do instante em que você confiar na proteção de Deus e acreditar na solução dos seus problemas.

A brutalidade, todavia, não pode e não deve fazer parte de sua existência. Ela pode induzi-lo a cometer atos que o deixarão arrependido pelo resto da vida.

Seja sensato e procure controlar-se.

Burrice

Burrice não é sinônimo de ignorância.

Você, criatura dotada de inteligência e raciocínio, deve usar e aproveitar todos os dons que Deus lhe deu para crescer, desenvolver e amadurecer. É exatamente o aprimoramento de sua vivência que o tornará experiente para resolver os problemas e sair-se vitorioso em seus propósitos.

Ponha a cabeça para funcionar! Se quiser ser inteligente, você o será. Basta querer. Não importa que não tenha cultura: saiba adquirir a sabedoria através dos exemplos das pessoas que souberam vencer na vida.

Se usar de honestidade, tiver coragem e força de vontade, nada o impedirá de ser bem-sucedido em todos os seus desejos.

Busca

A busca move o mundo e as pessoas.

Para manter acesa a chama da vida, é necessário que, atingida uma meta, você parta imediatamente para outra.

Nada mais deprimente do que ver pessoas acomodadas e sem propósitos de vida. Você, que busca a perfeição e o aprimoramento, não deve ficar parado no caminho. O importante é movimentar-se, caminhando sempre para a frente, vencendo os obstáculos e conquistando novas vitórias.

É dessa forma que a vida terá muito mais sentido e você terá dentro de si a sensação de ser útil que o tornará uma pessoa equilibrada, dinâmica e com todas as chances de ser feliz.

C

Calma

A calma é um momento de inspiração.

A inspiração é um momento de genialidade em que o ser humano é iluminado pela luz do entendimento e da compreensão. Não é nas profundas inspirações que os grandes artistas consagram suas obras? Pois é justamente mantendo a calma que você será guiado pelo pensamento divino que o orienta e aconselha.

Entretanto, a calma não significa indolência. A indolência é a passividade escravizante que gera preguiça e dependência. Você deve procurar ser calmo principalmente em situações difíceis e traumáticas, mas seja dinâmico e atuante para solucionar da melhor maneira os problemas e as circunstâncias.

Agindo assim, demonstrará ter equilíbrio e experiência.

Calúnia

A calúnia é o estandarte da inveja.

Quem se importa com calúnias senão os incompetentes e os desocupados? Não perca tempo preocupando-se com as injúrias. Se tiver a consciência tranqüila do dever cumprido, você deve seguir em frente despreocupado, lutando por sua prosperidade e desenvolvimento.

Lembre-se de que o caluniador é um invejoso e covarde e não merece sequer que lhe dê importância. Despreze-o! Aquele que é justo e consciente reconhecerá o seu valor e também desprezará o caluniador.

A calúnia é uma força desprezível que não deve abalar a estrutura sólida de sua vida, construída com muito esforço e sacrifício.

Cansaço

O potencial humano é ilimitado.

O cansaço vem, não para limitar-nos, mas para obrigar-nos a repensar nossos próprios valores. Você não é de ferro, portanto não abuse dos limites que Deus lhe impôs. Trabalhar, estudar e movimentar-se são atitudes saudáveis e admiráveis, mas saiba dosar com equilíbrio a ânsia que o impele a agir além de suas forças.

Tudo que é feito naturalmente surte ótimos resultados e efeitos, e, ao contrário, extrapolar as forças e as resistências traz conseqüências imprevisíveis e irrecuperáveis.

Saiba dosar os impulsos para que você consiga realizar tudo que deseja de forma natural e saudável

Capacidade

A capacidade humana é ilimitada.

A capacidade provém da vontade e do desejo de realizar alguma coisa. Foi provado cientificamente que o homem usa apenas 10% de sua capacidade mental. Imagine se usássemos todo o potencial que Deus nos deu!

Acredite que você é capaz de atingir o que almeja e use a sua capacidade física e mental sensatamente. Mentalize positivamente o sucesso de seus empreendimentos e aproveite todo o potencial de que você dispõe para vencer

Os grandes feitos da história provieram do que parecia impossível, e, se você quer ser realmente um vencedor, deve tornar possíveis todos os seus sonhos e ideais.

Capricho

Há capricho maior do que o da natureza?

Tente imaginar a Terra descolorida, o mar e o céu sem o azul-anil, as árvores sem o verde e, finalmente, o arco-íris sem os matizes coloridos que encantam a todos nós. Deus fez do seu próprio capricho o universo e o planeta em que habitamos, presenteando-nos com as maravilhas da natureza.

Nada mais compensador e gratificante do que perceber o capricho de um trabalho bem-feito. Você, criatura de Deus, para sentir-se recompensado por seus esforços, deve fazê-los com amor e boa vontade.

Se houver prazer nas ações e feitos que pratica, o seu trabalho será visto como caprichoso e digno de admiração.

Caráter

O caráter é o destino do homem.

O futuro depende de você, e a sua maneira de agir, de se comportar e, principalmente, o cultivo de sua personalidade é que regerão o seu destino.

Dentro de você existe o poder das forças positivas, que é capaz de guiá-lo através dos bons caminhos que o levam à realização e ao sucesso. Da mesma forma existem as influências negativas que podem desviá-lo do verdadeiro sentido da vida. Precavenha-se para não se deixar levar por correntes vibratórias contrárias aos ditames de Deus.

Você traça a sua vida pelo pensamento e pelo caráter.

O bom ou o mau-caráter terão bom ou mau destino.

Carência

Há carentes onde quer que se vá.

Existem os carentes da matéria, que não foram privilegiados e que sofrem na carne a desigualdade imposta pela sociedade. Existem os carentes mentais, que, mesmo sendo afortunados, não conseguem manter-se em equilíbrio e são infelizes. E existem os carentes de espírito, que se apegam excessivamente à matéria e supõem-se eternos e superiores aos semelhantes.

Você, criatura humana que busca a perfeição e que é carente sob qualquer aspecto, conscientize-se de que é dando de si que se recebe. Sua carência só será suplantada quando você passar a suplantar a carência alheia.

Se você precisa de alguém, acredite que há muitos que também precisam de você.

Caridade

A palavra amiga é a caridade maior do homem.

Quando se fala em caridade, automaticamente pressupõe-se ajuda a alguém que esteja faminto, doente ou que necessite de algum benefício material. Caridade não é apenas isso, é muito mais.

Nada mais caridoso do que levar uma palavra de conforto a um amigo necessitado, ou mesmo a um desconhecido que precisa de apoio. A palavra amiga nos momentos difíceis é um elixir sem preço que você deve doar.

A caridade necessita de espontaneidade e abnegação, mas acautele-se para que não usem suas boas intenções com finalidades banais ou para tirar proveito da bondade de seu espírito fraterno.

Carinho

O carinho é a base para o equilíbrio.

Uma criança que não recebe carinho cresce revoltada e adquire uma personalidade fria e calculista. O carinho excessivo, entretanto, torna a criança dependente e incapaz de desenvolver-se satisfatoriamente e lutar pelos ideais com garra e coragem.

É exatamente o equilíbrio e a dosagem do carinho que estabelecem o equilíbrio do ser humano.

Dê a devida atenção e o carinho que as pessoas necessitam, para que você receba também a consideração e o retorno de que precisa. O carinho é uma manifestação do amor, e você deve ser carinhoso com tudo e com todos que o rodeiam.

Agindo assim, você sentirá alegria e bem-estar e será uma pessoa querida por todos.

Carisma

O carisma é inerente ao esforço, é como uma fonte de água natural que brota movida pela vontade da natureza e pela necessidade dos homens.

O carismático é alguém que por si mesmo surge como a representação dos anseios e vontades da maioria e, por isso, é um líder por natureza. É o carisma que envolve os sentidos, e os homens então se projetam na figura do líder carismático como uma resposta às suas dúvidas e inseguranças.

Se perceber que você se integrou a uma corrente ideológica negativa, afaste-se dela imediatamente. Entretanto, se um líder demonstra honestidade e caráter, você deve segui-lo para satisfazer os seus propósitos.

Vá, lute por seus ideais, mas não caia nos abismos do fanatismo que degeneram a sua verdade.

Casamento

O casamento é a mais pura expressão da união de duas almas.

O casamento, para muitas pessoas, não passa de mero protocolo social e uma conseqüência natural da vida. O casamento não é conseqüência, mas o ponto de partida para uma nova etapa de vida em que você deixa de ser singular para compartilhar com o cônjuge das alegrias e tristezas comuns.

A fusão de almas não exige papéis, igrejas ou testemunhas, mas necessita do amor verdadeiro, com companheirismo e amizade. O respeito é a pedra fundamental de qualquer relacionamento, e um casamento só sobrevive avalizado pela sinceridade e pela verdade.

Castidade

A castidade há que ser espontânea.

Ninguém tem o direito de julgar os outros nem impor comportamentos. A castidade, se adotada por opção de vida e por ideologia, será sentida com prazer pelos que a assumem. Entretanto, a castidade imposta é uma violência contra o ser humano, e mais cedo ou mais tarde traz conseqüências irreparáveis. Nesse caso, a castidade é um castelo de areia onde a falsa moralidade se esconde.

Toda pessoa tem o direito de ser e fazer o que bem entende, desde que não prejudique os outros e não ofenda os princípios divinos.

Equilibre-se para não impor a si mesmo atitudes castradoras que o deixarão infeliz e frustrado pelo resto da vida.

Castigo

Deus não castiga aos seus filhos.

Se Deus é amor, Ele preza a todas as suas criaturas indistintamente. Da mesma forma que a vida é a recompensa para os que querem aperfeiçoar-se e que compreendem o verdadeiro sentido da existência humana, ela também é o castigo para os que não compreendem.

O castigo, portanto, não provém de Deus, mas do próprio homem, e de sua consciência. E é justamente a justiça universal que nos absolve ou nos condena.

Agradeça sempre a graça de viver e cumpra o seu papel de

ser humano para sentir em si a presença de Deus iluminando a sua vida.

Casualidade

A casualidade é o efeito dos seus pensamentos.

São exatamente os pensamentos que você emite que traçam e governam a sua vida. Procure, portanto, mentalizar positivamente para que os acontecimentos futuros tenham conseqüências benéficas. Tudo que acontece tem um propósito e uma razão de ser, e você tem o livre-arbítrio para comandar o destino. Se mantiver pensamentos de paz, saúde, amor e prosperidade, sua vida será coroada de alegria e felicidade.

Creia em Deus acima de tudo e comande positivamente os pensamentos para que sua vida aconteça da maneira que você deseja.

Censura

Não censure para não ser censurado.

Se censurar o semelhante, você estará lhe impondo limites. É importante conscientizar-se de que cada ser humano tem a sua própria verdade e a sua própria escolha. Se porventura necessitarem de seu apoio, você deve prestá-lo desinteressadamente, movido pelo sentimento de amor ao próximo. Entretanto, não censure ou cobre atitude das pessoas. Se agir assim, estará desrespeitando o pensamento e o ponto de vista dos outros.

Você pode e deve aconselhar a quem quer que seja, mas não censure ou imponha comportamentos.

Viva a sua vida sem condenar a vida do próximo.

Certeza

A certeza é o caminho da verdade.

Se pairar dúvida em seu coração, pare, pense e analise

sensatamente as conseqüências oriundas de qualquer decisão a que você se propõe.

A dúvida contém probabilidades que são, às vezes, bastante traiçoeiras. Entretanto, seja corajoso e confie no sucesso de seus empreendimentos, alicerçado pela força de vontade e pela certeza de estar no caminho que a consciência lhe determina.

Acautele-se para não se deixar arrebatar pelo entusiasmo, que poderá levá-lo a ter atitudes precipitadas.

Você pode até correr um risco para atingir os seus objetivos, desde que não lhe seja prejudicial.

Afinal, a única certeza absoluta que o ser humano tem é de que o dia de sua morte há de chegar.

Chantagem

A chantagem trai a própria emoção.

Precavenha-se para não se deixar dominar pelo sentimento de chantagem que corrompe o íntimo e deturpa o seu lado emocional, que o qualifica como ser humano, dotado de sentimentos e razão. Seja sincero e não falsifique as emoções no intuito de sensibilizar o semelhante para que ele sinta piedade de você.

Não é de piedade que você precisa, mas de compreensão, afeto e, principalmente, de respeito. O chantagista é um fraco que se utiliza de meios escusos para atingir o seu propósito.

Você é forte e corajoso o suficiente para crescer, prosperar e ser independente, sem necessitar trair os seus sentimentos e falsificar a sua própria verdade.

Charme

O charme não é necessariamente beleza: é a transparência da sexualidade, e, portanto, não há como tê-lo artificialmente.

Se você for natural, espontâneo, educado e, principalmente, tratar bem os semelhantes, sua personalidade e caráter serão um convite irresistível para as pessoas que desejam conhecê-lo a fundo e compartilhar das boas qualidades que você possui e demonstra.

Precavenha-se para que a vulgaridade não se manifeste, e evite os artifícios para que você não passe por ridículo.

É preciso que haja senso para que o charme que você almeja não seja visto como arrogância e antipatia.

Seja você mesmo, acima de tudo.

Chatice

Precavenha-se para que não o classifiquem de chato.

Nada mais desagradável do que termos que suportar uma pessoa inconveniente e que não se coloca em seu devido lugar. Procure ter senso crítico e saiba perceber quando sua conversa já se tornou enfadonha para que as pessoas não o classifiquem de maçante.

Para evitar a chatice, você deve saber ouvir o interlocutor e posicionar-se na hora certa e no momento apropriado. Seja discreto, reservado, e evite importunar os outros com assuntos que não lhes interessam. Caso contrário, as pessoas se aborrecerão e passarão a evitá-lo.

Evite ser cansativo para que a sua presença seja um prazer para todos.

Choro

O choro é o ponto de chegada de uma emoção.

Não se envergonhe de demonstrar seus sentimentos se eles realmente brotarem do fundo do coração. O pranto é uma manifestação pura dos sentimentos humanos, e não deve ser encarado como fraqueza.

Se pairar a tristeza ou mesmo a alegria dentro de você, o choro representa o desabafo dos sentimentos mais profundos, que alivia o psiquismo e resgata o equilíbrio.

Você deve ser forte, corajoso, e lutar por construir sua personalidade bem-estruturada para suportar os problemas da vida, mas não se violente para provar aos outros que é uma pessoa inabalável.

Você é um ser humano, e, portanto, seus sentimentos também são humanos.

Cinismo

O cinismo é o atestado da falsidade.

Evite este sentimento negativo que causa antipatia nos outros. O cínico é um falso que esconde sua fraqueza atrás da máscara da hipocrisia. Procure ser sincero ao máximo, sem ferir os semelhantes, para evitar que o cinismo se manifeste, rotulando-o como uma pessoa despreparada e incapaz de resolver situações através de um diálogo franco e construtivo.

Quem cultiva tal sentimento carreia para si pessoas afins, que lhe depreciam a imagem e afastam-no das amizades sinceras, honestas e duradouras.

Respeite o próximo para que você também seja respeitado.

Ciúme

Pondere o seu ciúme.

É perfeitamente natural e humano que você queira zelar por tudo aquilo que ama e preza. Entretanto, não sobreponha exagero ou pessimismo a seus sentimentos. Não fantasie a mente com idéias absurdas e tolas sobre o ser amado, que, antes de tudo, merece um crédito de confiança.

Se houver diálogo, amor e compreensão por parte de ambos, a insegurança atenua-se gradativamente. Se houver a certeza plena do amor, o ciúme estará sob controle, evitando assim que você cometa injustiças e sofra por motivos irrelevantes.

Confie antes de tudo em si mesmo, para que você possa também confiar no próximo.

Civismo

A pátria do ser humano é o planeta Terra.

É natural e admirável que se ame a pátria em que se nasça. Deus, quando criou o universo e o mundo em que vivemos, deu ao homem o poder supremo da inteligência. Entretanto, não delimitou continentes, países, estados, cidades, bairros ou uma rua sequer.

Você pode e deve amar e respeitar o seu país, mas não menospreze ou despreze os outros. Lembre-se de que as fronteiras foram delimitadas pelo homem, e não por Deus.

Somos todos irmãos, e, portanto, nosso lar é único e singular.

Conscientize-se da universalidade do ser humano e amplie os horizontes para desenvolver sua consciência.

Cobiça

A cobiça alimenta-se de si mesma.

Para que cultivar sentimentos insaciáveis que geram desequilíbrio e que não lhe permitem perceber a verdadeira razão da vida? Há pessoas que quanto mais têm mais querem e, por isso, nunca estão em paz consigo mesmas.

Você pode e deve fomentar a ambição de maneira saudável e construtiva para crescer e se desenvolver. Entretanto, não permita que a cobiça lhe desvirtue os propósitos e corrompa a sua essência de ser humano. Almeje o que lhe for suficiente para sentir-se recompensado e seguro, mas controle-se para não perder a razão e o senso do lógico.

Procure contentar-se com o que tem, para que você possa sentir a própria felicidade.

Colaboração

A colaboração é um ato de amor.

Não seja egoísta, preocupando-se apenas com seus problemas e vivenciando o individualismo. Sua colaboração para o bem-estar coletivo é imprescindível. Procure dar de si e cumpra pelo menos o que a sua consciência determina. Participe!

Não é justo que os outros façam as tarefas que lhe competem. Não tente transferir para as pessoas mais benevolentes as suas obrigações, pois elas se sentirão usadas e o tacharão de preguiçoso, indolente e aproveitador. Respeite a boa vontade dos outros para que a sua presença seja um prazer para todos.

Se houver colaboração de sua parte, você será uma pessoa bem-aceita e confiável.

Comando

O segredo de um bom comando é saber dividi-lo.

Que seria de um líder se não fossem os adeptos? Uma única pessoa não é capaz de conquistar grandes feitos se não for devidamente assessorada por elementos competentes e eficazes. Portanto, saiba determinar aos subordinados as tarefas que lhes competem, de maneira justa e coerente, para que o seu esforço não seja em vão.

Divida o comando com as pessoas de sua confiança para somar esforços e atingir as metas com muito mais segurança e certeza. Confie nos subordinados, mas saiba também cobrar-lhes devidamente o desempenho de que você necessita para atingir os seus propósitos.

Trabalhando com coragem e respeitando os outros, você será capaz de conseguir tudo que quiser.

Comodismo

Quem tem o direito de ser comodista tem o dever de não incomodar aos outros.

Você pode valer-se de seus direitos de optar por um meio de vida ou por atitudes que visem ao conforto e ao bem-estar pessoal. Entretanto, respeite as outras pessoas e evite importuná-las para que elas também possam respeitar a sua opção. Ninguém tem o direito de cobrar comportamentos ou criticar decisões se forem tomados através de esforços próprios que não incomodem ou prejudiquem os outros.

Se o comodismo for a sua escolha e o seu meio de vida, você deve assumi-lo valendo-se dos próprios esforços.

Compaixão

A compaixão é a voz do coração.

Procure ouvir a voz fraterna e silenciosa que habita sua alma e que o faz ser humano e criatura de Deus. É de sua compaixão que necessitam o inocente, o fraco e o indefeso.

Saiba utilizar-se da força de que você dispõe para auxiliar os que precisam e os que sofrem. É cultivando este sentimento que você verá a luz do entendimento e terá paz.

Viva a vida cuidando dos seus interesses e do seu aperfeiçoamento, mas tenha compaixão dos infelizes e dos oprimidos para sentir em si a presença de Deus iluminando o seu caminho.

Competência

A competência não é uma qualidade, mas uma obrigação de todos nós.

Conscientize-se de que é o trabalho que move a vida e é ele que nos faz crescer e aperfeiçoar. Portanto, procure trabalhar assiduamente, cumprindo as obrigações com amor e entusiasmo. Se você ama o que faz, as obrigações transformam-se em puro prazer e as tarefas ficam muito mais fáceis de serem cumpridas.

O segredo da competência é amar o trabalho e, além disso, ter senso de responsabilidade para consigo mesmo e com os outros.

Se você assim proceder, será bem-conceituado perante as pessoas, que depositarão confiança e admiração em você.

Complicação

Para que complicar as coisas?

Evite isso em seu próprio benefício. Acredite, há solução para os problemas, basta ter paciência e senso de equilíbrio. Os dissabores da vida existem para todos, mas há pessoas que enxergam os problemas maiores do que eles realmente são.

Não coloque exagero ou pessimismo sobre os acontecimentos e procure ser o mais simples e objetivo possível. Quanto mais você usar a simplicidade, mais simples os problemas serão para serem resolvidos. A complicação é própria de pessoas despreparadas e incapazes.

A vida é simples, para que complicar?

Comportamento

O comportamento é o próprio ser humano.

Deus, por ser perfeito, não cria duas pessoas absolutamente iguais. Você é único e singular em todo o universo. Portanto, é o seu comportamento que o define e o diferencia das demais pessoas. Para que todos respeitem as suas preferências e a sua maneira de ser, você deve também respeitar o ponto de vista e a escolha das outras pessoas.

Seja qual for a sua opção de vida, desde que não haja prejuízo da liberdade alheia, tudo lhe é permitido por direito universal. Você, entretanto, deverá ser suficientemente maduro para arcar com as devidas conseqüências do seu comportamento, assumindo uma postura de autenticidade e respeito para com os semelhantes.

É o seu comportamento que o fará ser pequeno ou grande.

Compreensão

A compreensão é a luz do entendimento.

A compreensão é a capacidade que as pessoas têm de saber entender o que quer que seja, mesmo que lhes contrarie o íntimo e a verdade. Procure colocar-se na posição dos outros para não cometer injustiças ou prejulgamentos. Sua filosofia de vida será respeitada se você também souber entender a filosofia dos outros.

Cada ser humano tem a sua verdade e maneira própria de encarar o mundo e a vida. Procure compreender a todos e deixe-os viver a seu modo, mas não permita que os sentimentos negativos o influenciem e o corrompam.

Se agir assim, você será considerado uma pessoa inteligente, sensata e digna de confiança.

Confiança

Tenha confiança em si mesmo.

Reconheça em você a personalidade marcante que luta por dias melhores e almeja grandes vitórias. Confie na sua inteligência, força de vontade e, principalmente, em Deus, que o ampara e o protege.

A confiança é o sentimento básico que nos impulsiona a crescer, prosperar e desenvolver. Acredite no sucesso dos seus empreendimentos e mentalize positivamente a vida para que a felicidade esteja permanentemente ao seu lado.

Quem quer tudo pode, e, se você for seguro de si, não haverá obstáculos que o impedirão de crescer. A autoconfiança é o grande segredo dos que conseguem vencer, e você deve tê-la, com plena convicção e certeza, para construir a sua vida.

Confidência

Acautele-se com as confidências que faz e ouve. Precavenha-se ao se abrir com as pessoas e estude primeiramente o grau de discrição delas antes de se deixar levar pelo entusiasmo que poderá cegá-lo.

Nem todos merecem ouvir o seu íntimo, que carece de respeito e espera sentir o apoio e a compreensão dos outros.

Portanto, saiba escolher dentre as pessoas de sua convivência, os amigos sinceros e leais, que saberão ouvi-lo nos momentos difíceis.

Analise criteriosamente o nível de confiança que os semelhantes lhe inspiram, antes de desabafar-se com eles. Da mesma forma, aprenda a calar-se sobre a vida alheia para receber a confiança dos outros.

O melhor confidente é a sua própria consciência.

Conformismo

Conforme-se com o que não pode ser mudado.

Você deve assumir o sentimento de conformismo apenas quando as soluções dos problemas fogem-lhe do campo de ação e estão além de suas forças. Aceitar as duras provas que a vida lhe impõe é uma atitude sensata e inteligente que você deve adotar. Há coisas que estão além de sua vontade e você deve principalmente ter a sabedoria de saber distinguir entre o que pode e o que não pode ser mudado.

Lute corajosamente até o fim, para atingir os seus propósitos, mas saiba também ser um bom perdedor.

O bom perdedor é aquele que, quando reconhece a sua derrota, já está cultivando novas vitórias.

Conhecimento

Deus é o senhor do conhecimento universal.

A inteligência que o Criador lhe deu é para ser utilizada na busca do conhecimento e do saber. Procure aprender tudo que puder, instrua-se e adquira o hábito sadio da leitura de bons livros para enriquecer o seu eu e torná-lo uma pessoa preparada e segura.

Entretanto, o conhecimento não implica sabedoria. O homem, quanto mais instruído, mais consciente é de sua ignorância perante o conhecimento divino. A cultura que você adquire o torna uma pessoa admirada e respeitada por todos, mas saiba utilizá-la, sobretudo para crescer interiormente e expandir o seu grau de entendimento e compreensão da vida.

Conquista

A conquista é o triunfo do ego.

Queira ser sempre um vencedor em seus empreendimentos e lute corajosamente para atingir os objetivos e metas às quais se propõe.

Entretanto, você também deve ser um bom perdedor e reconhecer a derrota. É justamente o recomeçar que o torna cada vez mais forte e experiente. As conquistas devem ser visadas com propósitos justos e saudáveis; portanto, precavenha-se para não as almejar apenas para satisfazer caprichos fúteis, sem razões ou finalidades.

Conquiste o seu espaço, mas tenha senso para não cair nos abismos do desequilíbrio, que o tornarão uma pessoa egocêntrica e insatisfeita.

Você não tem tudo que quer, mas precisa saber amar tudo que já tem.

Consciência

A consciência é o ponto de equilíbrio entre o direito e o dever.

É a sua própria consciência o juiz de seus atos. Aqueles que não a têm vivem o mundo das trevas e extrapolam o limite da própria liberdade, usurpando a liberdade alheia. Conscientize-se!

Reconheça e firme-se como ser humano e cumpra dignamente seus propósitos de vida, sem prejudicar os semelhantes. Você não está isento de erros, mas consulte sabiamente a sua consciência antes de falar, agir e, principalmente, de tomar decisões.

É dessa forma que você errará menos, poupando-se assim de ter que refazer a sua vida constantemente.

A consciência é a sua melhor conselheira.

Conselho

"TU TE TORNAS ETERNAMENTE RESPONSÁVEL POR AQUILO QUE ACONSELHAS."

Quando alguém necessitar de apoio e pedir a sua opinião, você deve dá-los imbuído do mais alto espírito de fraternidade e amor ao próximo. Entretanto, consulte sabiamente a sua consciência para que o conselho tenha a dosagem certa e não desvirtue a consciência alheia.

Da mesma forma, você pode consultar alguém mais vivido e que detém uma experiência mais abrangente para orientá-lo. Você pode e deve seguir os bons conselhos, mas não se esconda atrás dos outros com medo de assumir os seus propósitos.

Antes de dar ou seguir um conselho, consulte primeiramente a própria consciência.

Consideração

Considere para ser considerado.

A consideração é um sentimento de respeito ao próximo. Saiba dar o devido valor às pessoas que lhe foram leais, para que você seja justo. Seja grato àqueles que o favoreceram no passado e dispense-lhes a consideração que realmente merecem.

A ingratidão é o sentimento dos infelizes, e você, que deseja a felicidade plena, deve reconhecer o gesto carinhoso e humano dos semelhantes. Valorize-os!

Da mesma forma, você deve considerar a todos indistintamente. Lembre-se, o mundo dá voltas, e nunca se sabe o dia de amanhã.

Se semear a consideração para com os semelhantes, você

colherá respeito, lealdade e, principalmente, amizades verdadeiras.

Consolo

O consolo é um gesto amigo nos momentos difíceis.

Leve uma palavra de carinho e afeto a quem quer que esteja precisando. Procure participar dos problemas alheios, imbuído do mais alto espírito de colaboração. Auxilie seu irmão nas ocasiões em que ele necessita ser orientado e confortado. O consolo é como a brisa fresca a amenizar os corações em chamas.

E é justamente a sua presença com palavras de fé e confiança que restauram a esperança dos que sofrem.

Agindo assim, você sentirá prazer em servir, e brotará em você o sentimento de dever cumprido.

Auxiliar aqueles que sofrem nas horas difíceis é tarefa nobre que você deve cumprir.

Constrangimento

O constrangimento é uma fraqueza que deve ser vencida.

Por que ficar constrangido perante os outros? Por mais que uma determinada situação ou acontecimento o faça sentir-se inibido, você deve ser suficientemente forte para vencer esse sentimento de insegurança.

Conscientize-se de que ninguém é melhor do que ninguém e que você possui qualidades e dons capazes de fazê-lo uma pessoa conceituada e respeitada. Para que seja seguro de si, você deve ser autêntico e confiar na sua capacidade.

Se acreditar em si mesmo, seu constrangimento desaparecerá e você se tornará uma pessoa equilibrada e dinâmica, capaz de enfrentar quaisquer situações embaraçosas.

Contrariedade

A contrariedade só existe se você a aceitar.
É óbvio que todos nós passamos por aborrecimentos e dissabores ao longo da vida. Entretanto, não coloque exagero ou pessimismo sobre os problemas que surgem. Procure encarar os fatos dentro de uma realidade e tente resolvê-los da melhor forma possível, sem se desgastar ou estragar sua saúde.
Há pessoas que têm problemas muito piores do que os seus e conseguem resolvê-los. Você também é forte o bastante para reerguer-se e seguir em frente, confiante em sua vitória.
A contrariedade é passageira, assim como a sua vida; por isso, aceite-a normalmente para não desperdiçar os momentos felizes que você ainda há de usufruir.

Contribuição

A pouca contribuição que você dá é muito para quem a recebe.
Por menor que seja a sua parcela de contribuição, ela é importante e quiçá fundamental para alguém. Se dentro de você brilha o espírito fraterno, o egoísmo humano cede lugar ao amor ao próximo. Contribua!
Não vale a pena viver somente para si, pois aqueles que o fazem sentem mais tarde o gosto amargo da solidão e do arrependimento. Se não houver como ajudar o próximo dentro de um prisma material, que pelo menos você leve uma palavra de amizade e consolo para os que necessitam.
Agindo assim, você sentirá a presença de Deus permanentemente ao seu lado.

Controle

Quem perde o controle ganha arrependimento.
Acautele-se para não se deixar levar por sentimentos de ira, revolta e ódio. Tais sentimentos obscurecem a razão e o discer-

nimento e podem torná-lo uma pessoa fora de si, capaz de cometer atos que o deixarão arrependido pelo resto da vida. Controle-se!

Às vezes a sobrecarga de tensão e problemas faz com que percamos o senso e o equilíbrio. Para isso não acontecer, você deve estar convenientemente preparado para enfrentar tais situações. Uma ação, um gesto ou uma simples palavra podem magoar ou ferir os outros, deixando cicatrizes irreparáveis.

Procure controlar-se para evitar remorsos ao longo de sua vida.

Convencimento

O convencido só não convence a si mesmo.

Não permita que este sentimento negativo o domine, alimentando a arrogância e causando antipatia aos outros. Você pode ser dono de uma inteligência privilegiada, ter dotes e dons incontestáveis, mas precavenha-se para que o convencimento não destrua as suas boas qualidades.

Nada mais desagradável do que sermos obrigados a suportar uma pessoa que se julga superior às outras. O convencido, no fundo, é inseguro e quer a qualquer preço sobressair perante os outros.

Seja humilde para que você conquiste grandes amigos e esteja cercado de pessoas sinceras e simpáticas.

Convicção

Tenha convicção em tudo que faz.

Antes de tomar qualquer decisão ou assumir posturas de vida, procure estar convicto de que optou pelo melhor. Analise criteriosamente os seus problemas, trace metas, planos e objetivos e, a partir daí, lute corajosamente para atingir os seus propósitos, alicerçado pela força de vontade e, sobretudo, pela convicção plena de que está no caminho certo.

Quem não tem convicção do que quer e do que faz dificilmente consegue realizar o que deseja, caindo no abismo da frustração e do desânimo.

Se você tiver convicção da força que habita o seu ser, nada o impedirá de ser um vencedor.

Convivência

Aprenda a conviver consigo mesmo para se conhecer.

Ninguém consegue viver só, pois o homem é um ser social por natureza. Para que a convivência com os outros seja sadia e respeitosa, você precisa conhecer o íntimo e a natureza de cada um para que o relacionamento frutifique numa sólida amizade. A fim de que uma convivência seja duradoura e justa, é fundamental que as partes cedam em benefício do entendimento e do equilíbrio.

Para que as pessoas o aceitem, você também deve colaborar, respeitando o ponto de vista e a maneira de ser das outras pessoas.

Se for ponderado e sincero, as pessoas sentirão prazer em conviver com você.

Coragem

A coragem faz o vencedor.

Não há como crescer, desenvolver e prosperar na vida se dentro de você reside o sentimento da covardia e do medo. A coragem é um estado de espírito, e você deve tê-la, alicerçada pela vontade de vencer todos os obstáculos, acreditando no grande poder interior que habita o seu ser.

Para que essa força positiva se transmute na vitória tão almejada, você deve ter fé, esperança e, principalmente, coragem. Vamos! A felicidade está em suas mãos, e você é senhor dos seus atos e do seu destino.

Se você for corajoso, os problemas parecerão menores, e os obstáculos, mais fáceis de serem vencidos.

Corrupção

Não se deixe contaminar pela corrupção.

Atualmente há tanta corrupção no mundo que ser honesto passou a ser visto como uma raridade.

Você, que busca a perfeição e o aprimoramento, deve sentir-se honrado por pertencer a essa minoria privilegiada. O corrupto nunca tem paz; por isso passa a vida inteira receando ser desmascarado. A tranqüilidade não tem preço, e você deve preservar esse tesouro para que possa gozar de boa saúde, equilíbrio e, principalmente, paz de espírito.

Você é suficientemente capaz de vencer, sem se deixar contaminar pela corrupção.

Se assim proceder, você terá a consciência tranqüila para sentir a própria felicidade.

Cortesia

Seja cortês com os semelhantes.

Nada mais desagradável do que sermos obrigados a nos relacionar com pessoas grosseiras e mal-educadas. A palavra pode cortar e ferir os sentimentoss alheios. Por isso, precavenha-se para não se deixar dominar pelos impulsos da ira e da cólera. Controle-se!

Se tratar o semelhante educadamente, com polidez e cortesia, você será uma pessoa admirada e respeitada, detentora de uma forte personalidade e capacidade de liderança. Entretanto, você deve ser também firme, rígido e seguro em suas atitudes e decisões para que as pessoas não o classifiquem de fraco e incompetente.

Equilibre-se! Trate a todos muito bem, mas saiba também impor-se com respeito.

Costume

Cultive os bons costumes.

O ser humano é fruto das virtudes que o elevam e resultante das variáveis que o compõem. É o costume que norteia as atitudes e o comportamento das pessoas.

Você pode e deve cultivar os bons costumes que aprendeu ao longo de sua existência e honrar a tradição a que pertence. Entretanto, tenha senso para não se tornar uma pessoa preconceituosa e ultrapassada. Procure também conhecer outros hábitos para que você possa adquirir experiência e abrir os horizontes de sua mente. Renove-se!

Respeite os costumes dos outros para que possam respeitar os seus.

Covardia

Seja corajoso para comandar a sua vida.

Não permita que o sentimento negativo do medo o faça recuar ou desistir de seus propósitos. Se há o que temer, você deve temer ser um covarde. A covardia o induz à passividade, tornando-o uma pessoa fraca, incompetente e sem ideais.

Saiba ser forte e corajoso e enfrente os problemas de cabeça erguida, confiante em sua vitória. Se você quer ser um vencedor e almeja o sucesso, a covardia não pode e não deve fazer parte de sua vida. Entretanto, não confunda coragem com imprudência. Lute firmemente por seus objetivos, mas saiba adotar a razão e a experiência como aliadas.

Se agir assim, as pessoas o admirarão e depositarão confiança em você.

Credibilidade

Dê credibilidade ao que julgar sensato.

Você pode e deve dar um voto de confiança às pessoas que lhe demonstram sensatez e responsabilidade. Entretanto, precavenha-se para não depositar confiança excessiva nos outros, antes de analisar o grau de discrição, honestidade e, principalmente, respeito para com os semelhantes.

Seja leal e receptivo para com os amigos e com as pessoas que o cercam, mas não espere que todos reconheçam isso ou lhe sejam gratos. Para que a credibilidade seja total, você deve ter absoluta certeza da lealdade de sentimentos dos semelhantes.

Respeite e conviva saudavelmente com todos, mas precavenha-se para não se deixar levar pelo entusiasmo ou por meras aparências.

Crença

Quem crê tudo pode.

Quem crê em alguma coisa vive de acordo com a sua própria realidade. A realidade é somente aquilo que criamos; por isso, procure ser sensato ao adotar as crenças pessoais.

Não se deixe dominar por superstições fúteis e banais que atrasam o seu desenvolvimento e lhe obscurecem a razão. Creia em Deus Todo-Poderoso, que é a luz que ilumina a sua vida. Adote racionalmente uma filosofia de vida que lhe traga paz, alegria e felicidade. Da mesma forma, saiba aceitar as crenças alheias e evite as críticas para que as pessoas também possam respeitar o seu ponto de vista.

Não seja radical e não interfira na liberdade alheia.

Crescimento

Para que você possa crescer em todos os aspectos, é fundamental despertar a consciência e manter o equilíbrio.

O crescimento implica mudança, por isso não rotule os outros ou a si mesmo. Um dia nunca é igual ao outro, e as pessoas, sem exceção, mudam o comportamento e a maneira de pensar. O importante é que você mude para melhor, fortalecendo a sua personalidade, banindo gradativamente os pontos fracos que atrasam o seu desenvolvimento. Analise-se!

Procure crescer e prosperar, trabalhando com amor e dedicação, cultivando a leitura de bons livros e aperfeiçoando o espírito.

Agindo assim, seu crescimento será um incentivo para os semelhantes que também desejam se desenvolver.

Criancice

É na infância que o espírito humano se manifesta em pureza.

Por maiores responsabilidades que lhe caibam, e o senso de autocrítica lhe molde o comportamento e as atitudes, sempre existe o lado infantil dentro de você. As pessoas crescem, amadurecem e assumem as posturas que a vida adulta naturalmente exige.

Entretanto, deixe a criança pura e inocente que habita dentro de você extravasar-se. Não exija tanto de si mesmo para evitar tensões e frustrações. Se não houver prejuízo da liberdade alheia, tudo lhe é permitido por direito universal.

A criança é a própria expressão divina. É exatamente no mundo infantil que a maldade desaparece, cedendo lugar à pureza, à bondade e, principalmente, à liberdade.

Criatividade

Ponha sua criatividade para funcionar.

A criatividade é um parâmetro decisivo na definição do grau de inteligência das pessoas. Acredite: você dispõe de todas as armas de que necessita para vencer, crescer e prosperar, desde que use a imaginação para usufruir de tudo que você merece.

Se o objetivo for para o bem, a inteligência divina se encarregará de dotá-lo de meios para atingir o seu propósito, desde que você realmente acredite na força que habita dentro de você.

Utilize-se da sua criatividade e tenha senso prático para conseguir o que deseja rapidamente, de forma natural e saudável.

Se souber usar a criatividade sensatamente, sua vida será coroada de êxito.

Crime

Todo ser é criminoso quando não assume a própria culpa.

Não permita que essa atitude negativa lhe roube a razão, destruindo sua felicidade. Há crimes de todas as naturezas e formas, mas a intensidade depende do grau de sensibilidade e aceitação.

Há os que matam por prazer e se julgam vitoriosos, e há os que ferem despropositadamente e se julgam derrotados e culpados. Faça de sua vida um exemplo para si e para todos, para que você não sinta o gosto amargo do arrependimento. Respeite os semelhantes e defenda a natureza como a si mesmo.

Na escola da vida você precisa ser aprovado, e, para isso, somente o amor universal que habita o seu coração é o mestre de sua própria alma.

Crise

Toda crise é passageira.

A crise existencial não deixa de ser uma forma de mostrar que existimos e somos seres pensantes. É ela que nos obriga a repensar nossos próprios valores. É nessa fase difícil que você deve ter calma, paciência e esperança. São os momentos de crise que fazem o ser humano crescer, amadurecer e mudar.

Nesta etapa transitória, Deus está ainda mais perto de você, dando-lhe forças para continuar fazendo-o acreditar que dias melhores virão. Não se deixe abater e não permita que o desânimo o domine. Creia na força divina que o ampara em todas as circunstâncias.

Se assim proceder, sua crise será tão rápida e passageira que não lhe abalará a fé e você estará apto para reiniciar a sua vida.

Crítica

A crítica é somente um ponto de vista.

Não permita que a crítica destrua seus propósitos ou lhe desvirtue a razão. Lembre-se: os cães ladram e a caravana passa.

Se estiver consciente de seus atos e se dentro de você existem convicção e certeza, vá em frente e siga o que sua consciência determina. Não permita que a falsa moralidade lhe pode os sentimentos mais profundos. Entretanto, analise criteriosamente se as críticas possuem um fundo construtivo e, a partir daí, filtre o seu lado positivo em benefício próprio.

Da mesma forma, evite criticar o semelhante, a não ser que a intenção seja de ajudar e colaborar.

Lembre-se, a perfeição é um trabalho longo e árduo, e todo ser humano tem suas fraquezas e imperfeições.

Crueldade

A crueldade é o algoz dos seus bons sentimentos.

Reflita sobre quanta crueldade há neste mundo que Deus criou com todo amor. Você, que busca a perfeição e o aprimoramento, não deve permitir que esse sentimento negativo o domine.

Faça de sua vida a estrada do bem e da bondade. Transmita amor aos animais, vegetais e a toda a natureza, e sinta, a partir daí, a força positiva que brota em seu espírito — a própria centelha divina.

Aos semelhantes, da mesma forma, você deve transmitir pensamentos de paz, saúde, amor e prosperidade. Praticar a crueldade é como contrair uma dívida que nunca haverá de ser paga.

Se você for bom para com tudo e com todos, sua vida será de alegria, paz e felicidade.

Culpa

Para que nutrir sentimentos de culpa?

Esqueça o que se passou e siga em frente, confiante em dias melhores. Não se torture com os acontecimentos do passado que lhe geraram um sentimento de culpa. Você não pode mudar o que já passou, mas pode e deve utilizar-se das más experiências para amadurecer e aprimorar o espírito.

Para aliviar essa sensação desagradável de culpa, você deve primeiramente reconhecer o erro cometido e procurar doravante acertar ao máximo, para evitar que tal sentimento ressurja. Perdoe-se!

Dê a si mesmo esse direito de ser perdoado para que você possa cumprir os seus deveres com o coração em liberdade e com a consciência tranqüila.

Cultura

A cultura não ocupa espaço.

Procure incessantemente enriquecer o grau de sua cultura para que você possa acima de tudo estar bem consigo mesmo. Leia bons livros, instrua-se e atualize-se.

Saiba discutir assuntos relevantes com as pessoas para que você possa ser respeitado e ocupar o lugar que realmente merece. As pessoas cultas são admiradas e muito mais preparadas para enfrentar e resolver os problemas da vida.

Entretanto, precavenha-se para que a arrogância não se manifeste quando demonstrar os seus conhecimentos. Não rebaixe ou menospreze a cultura alheia, e tenha humildade ao falar de si mesmo.

A cultura é importante, mas não permita que ela o domine e ocupe o seu próprio ser.

Cumplicidade

A sua cumplicidade é o seu próprio aval.

Se for cúmplice de alguém ou de um fato qualquer, você estará assumindo um compromisso indissolúvel. Pense muito bem antes de tomar esta atitude. Se você for cúmplice, estará concordando e endossando os acertos e, principalmente, os erros dos outros.

Seja responsável e precavenha-se para não se deixar influenciar por pessoas nefastas, que poderão desviá-lo do bom caminho.

A cumplicidade não tem retorno, e você deve assumi-la somente se tiver absoluta certeza de que é por uma causa justa e nobre. Acautele-se!

Você pode demorar anos para construir um bom nome, mas poderá destruí-lo em um momento.

Curiosidade

Saciar uma curiosidade é despertar uma nova curiosidade.

Utilize-se desse sentimento para enriquecer a cultura e preencher o vazio que ele produz. Procure interessar-se por tudo que o rodeia, para que possa aumentar o grau de compreensão das coisas e ampliar os horizontes de sua vida.

Não seja indolente e relapso para não desperdiçar o tempo que lhe é precioso. É justamente a curiosidade que move a busca, e esta, o sucesso.

Entretanto, utilize-se da curiosidade para as coisas relevantes, e evite envolver-se com mesquinharias, mexericos ou futilidades, que só servirão para rebaixá-lo perante os outros.

A vida clama pelo saber, e você, para ser um vencedor, deve procurar conhecer e aprender tudo que puder.

D

Dádiva

Agradeça sempre a Deus pelas dádivas que lhe foram concedidas. Acredite, tudo que existe e acontece está nas mãos de Deus, o nosso Pai. É ele que propicia as graças, abençoando cada um de nós com Sua bondade infinita.

Portanto, reconheça, nos bons momentos e nas conquistas que alcançou, o poder do Senhor que o encoraja e o incentiva a lutar sempre por dias melhores. Conscientize-se da santa proteção que o Criador despende à sua Criação.

Acredite, você nunca está só, pois Ele é o companheiro onipresente, que tudo vê e tudo sabe.

Há dádiva maior do que a fé no Criador?

Deboche

Não deboche do próximo.

Não permita que atitudes mesquinhas e vulgares o dominem, fazendo com que perca o senso e o respeito pelo próximo. Você deve evitar assumir posturas hipócritas, para que o cinismo e o deboche não se manifestem.

Antes de criticar o próximo, verifique os próprios defeitos e coloque-se no lugar dos outros para sentir o quanto é desagradável e desumano ser motivo de zombarias. Ninguém merece ser razões para chacotas e piadas de mau gosto. Procure em vez disto descobrir o íntimo das pessoas.

Você descobrirá que o ser humano tem muitos defeitos, mas

possui também excelentes qualidades, capazes de despertar-lhe a admiração.

Decadência

Quem se julga no auge de uma situação inicia sua decadência.

A vida é uma estrada cujo caminho nos leva à busca da perfeição. É uma caminhada longa e árdua, num só sentido e direção. É fundamental que você se lembre que cada passo é mais uma etapa conquistada.

Siga em frente, sempre lutando por seus ideais, e não pare jamais a caminhada, pois a vida é estrada sem volta.

Não se julgue suficientemente maduro ou detentor da verdade, pois você é um ser humano, sujeito a todos os erros e imperfeições.

Se for humilde, corajoso e consciente de si mesmo, você constatará que a decadência pertence somente aos que se julgam acima de sua própria realidade.

Decepção

A decepção é uma lição de vida.

Procure estar devidamente preparado para sofrer as decepções que surjam em sua existência. Para que os infortúnios sejam bem aceitos, você deve, antes de tudo, conscientizar-se de que cada pessoa é una e singular em todo o universo. Portanto, não queira moldá-la à sua maneira nem idealizá-la perfeita, pois ela é o que é, e não o que você gostaria que fosse.

Para que não fique decepcionado com os semelhantes, é preciso não fazer prejulgamento de comportamentos e atitudes que eles deveriam ter a seu respeito.

Cumpra dignamente suas obrigações, sem esperar retorno ou reconhecimento de seu semelhante.

Decisão

Pense muito bem antes de tomar qualquer decisão.

Para dinamizar sua vida, você necessita do poder de decisão. Quem não sabe o que quer vive oprimido pelo medo e pela dúvida. Decida-se!

Ponha sua inteligência, experiência e bom senso para funcionar e analise criteriosamente as opções que lhe surgirem. Escolha as que mais o satisfaçam, convicto e certo de que tomou a melhor decisão.

Entretanto, não seja imprudente ou inconseqüente. Saiba controlar impulsos que poderão confundi-lo e desviá-lo do bom caminho.

Sabendo decidir com coerência e lógica, você demonstrará ser forte e digno de confiança.

Dedicação

Dedique o tempo às coisas úteis. Não perca o tempo que lhe é precioso com futilidades. Aproveite as boas oportunidades que a vida lhe oferece e dedique-se a elas com entusiasmo e coragem.

Se for dedicado ao trabalho e à sua vida pessoal, você será, sem dúvida, uma pessoa bem-sucedida, capaz de despertar a admiração e o respeito. Evite a indolência e a preguiça, que o deixarão fraco e incompetente, despertando um conceito negativo de sua imagem perante a sociedade à qual você pertence.

A dedicação e o amor ao trabalho são armas primordiais para se galgar os degraus do sucesso e, principalmente, da realização pessoal.

Defeito

O maior defeito de uma pessoa é supor-se sem defeitos.

Defeitos, quem não os tem? Se fôssemos perfeitos, não estaríamos aqui, na Terra, cumprindo nossa missão.

Você, que busca a perfeição e o aprimoramento, deve aceitar primeiramente os próprios defeitos, para poder também aceitar os dos outros.

Reconheça, nos que o cercam, a mesma vontade de crescer, desenvolver-se, aperfeiçoar-se, e somente Deus, o juiz universal, tem o direito de condenar ou absolver as faltas alheias. Seja portanto paciente com a sua imperfeição e com a dos outros, para viver em paz e harmonia.

Antes de criticar os defeitos do próximo, verifique os seus próprios.

Defesa

Defenda os seus direitos.

A defesa é um instinto de sobrevivência que todo ser humano possui. Saiba defender com honradez e coragem os direitos que lhe competem, alicerçado pela certeza de que está lutando por um ideal justo e saudável. Conscientize-se também dos seus deveres para com o próximo, antes de reivindicar aquilo que lhe é de direito.

O equilíbrio pondera a própria razão, e, por isso, você deve demonstrar sensatez e coerência ao defender os pontos de vista, para que as pessoas possam respeitá-lo dignamente.

Defenda a si mesmo com determinação, mas saiba ser justo para reconhecer os seus deveres.

Deficiência

Reconheça as deficiências.

Faça uma análise honesta e franca a seu respeito e verifique os pontos fracos de sua personalidade e caráter. Você constatará que possui qualidades e defeitos, como qualquer ser humano.

Portanto, saiba admitir as deficiências com humildade e, a partir daí, enfoque o pensamento e a força de vontade no sentido de abrandar ou até mesmo suprimir tais fraquezas.

Você pode mudar, basta que admita para si mesmo que possui defeitos e assuma de vez o compromisso de modificar-se.

A maior deficiência humana é justamente não perceber as próprias deficiências.

Mesmo agindo assim você não será perfeito, mas sem dúvida despertará admiração e respeito.

Degeneração

Precavenha-se, para não se degenerar.

A pior degeneração não é a física nem a mental, e, sim, a espiritual. Envelhecer é o destino de todo ser humano, e aceitar o fenecimento físico é uma atitude sensata e equilibrada. Da mesma forma, o nível mental tende a sofrer desgastes irreversíveis com o tempo.

Entretanto, a degeneração espiritual é função apenas do homem e de seu comportamento. Você pode e deve se defender, para não se deixar contaminar pela hipocrisia e desamor que habitam o coração de muitas pessoas.

Não se deixe influenciar por grupos e pessoas desajustados que não são conscientes de seus papéis como seres humanos e filhos de Deus.

Delicadeza

Quem não admira a delicadeza de uma rosa?

Perceba, na simplicidade de uma simples flor, a delicadeza que encanta os corações mais embrutecidos. Entretanto, são justamente os espinhos que defendem a rosa da cegueira e da inconsciência de muitos.

Se for educado, e, principalmente, tratar bem os semelhantes, seu comportamento será um convite àqueles que desejam conhecê-lo a fundo. Saiba no entanto impor-se com respeito para que as pessoas não confundam o seu gesto amigo e delicado com fraqueza ou covardia.

É justamente dosando e equilibrando as atitudes que você demonstrará ser firme, dinâmico e responsável, afirmando ao mesmo tempo polidez e cortesia.

Demagogia

Não se utilize da demagogia para atingir seus propósitos.

Fique certo de que o demagogo, em sua impostura, vive o incômodo e o medo constante de ser desmascarado a qualquer momento. Para que possa viver tranqüilamente, você deve estar, acima de tudo, com a consciência tranqüila e em paz consigo mesmo. Além disso, utilizar-se de demagogia para impressionar ou comover a opinião pública é uma atitude desonesta e indigna.

Respeite a boa vontade e os anseios da sociedade em que você vive e, principalmente, não corrompa os sonhos e os ideais dos semelhantes.

Se assim proceder, você será considerado uma pessoa verdadeira e digna de confiança.

Dependência

Evite a dependência em seu próprio benefício.

Conscientize-se de que você dispõe das armas suficientes para galgar os degraus do desenvolvimento, sem precisar escorar-se nos outros.

É óbvio que ninguém vive sozinho, e não há quem não precise de alguém. Entretanto, saiba ser forte e corajoso para lutar por seus ideais com firmeza e coragem, sem precisar da ajuda alheia.

Você pode e deve seguir os bons conselhos e orientar-se pelas experiências dos mais velhos para trilhar um caminho mais seguro, mas saiba que a vivência é única, e você também precisa errar para aprender.

Seja independente para que possa responder por seus atos, sem depender do próximo.

Depravação

É depravação violentar a própria consciência.

A depravação é uma questão muito relativa, que faz parte da opção de cada um, não sujeita a críticas e julgamentos.

Quem se julga no direito de adotar determinado comportamento deve, obrigatoriamente, saber respeitar o ponto de vista e o comportamento alheios. Da mesma forma que o depravado não aceita reprovações, ele deve também entender que cada pessoa tem a sua maneira de ser, e não lhe compete ridicularizar o meio de vida das outras pessoas.

O depravado, entretanto, deve conscientizar-se de que, se fez a sua opção, deve arcar posteriormente com as devidas conseqüências, sem o direito de cobrar aceitação dos outros às suas atitudes.

Controle-se, para não perder o senso e o respeito do próximo.

Depreciação

Não deprecie a moral dos semelhantes.

Quem deprecia os valores ou a moral alheios coloca-se também, automaticamente, ao julgamento popular.

Saiba viver a sua vida sem rebaixar ou diminuir a moral alheia, para que possam confiar em você como ser humano discreto. Ninguém tem o direito de julgar ou condenar comportamentos. Em vez de criticar o próximo, procure conhecer o lado positivo de cada um.

Por pior que seja uma pessoa, sempre existe o lado bom, e é justamente este que você deve ressaltar e observar.

Viva a sua vida sem condenar a dos outros.

Depressão

A depressão é passageira.

A depressão é um sentimento que, às vezes, é incomodamente necessário. Observe que é justamente na queda de uma cachoeira que a água adquire força. Por isso, saiba superar a fase passageira que o deprime e angustia seu coração.

Saiba que nesta etapa transitória seu ego sofre uma mudança brusca, que, mais tarde, transforma-se em benefícios para você. Após a tempestade sempre vem a bonança, e você deve ter fé e esperança de que dias melhores virão.

Aproveite os momentos de depressão para analisar-se e fazer um balanço de sua vida.

Você verá que com o tempo vencerá os problemas e a sua alegria de viver será ainda maior.

Derrota

Aceite a derrota para lutar por novas vitórias.

Uma única vitória, por mais simples que seja, compensa mil derrotas. Por isto, lute por seus ideais com garra e coragem e acredite que sairá vitorioso.

Entretanto, se porventura, por motivos alheios à sua vontade e que lhe fogem ao campo de ação, você fracassar, aceite com resignação. Não se entregue à decepção para que o sentimento de frustração não o domine.

Esqueça o que passou e siga em frente, cultivando os ideais para que possa atingir os seus propósitos.

O grande vencedor é aquele que, quando sofre uma derrota, parte imediatamente para a conquista de outras vitórias.

Desabafo

O homem desabafa porque vive de excessos.

O desabafo é como uma brisa fresca a amenizar os corações

em chamas. Se se sentir abafado e tenso, você deve desabafar para aliviar o psiquismo e buscar apoio nos que o escutam.

Entretanto, saiba escolher inteligentemente aquele que merece ouvir o seu íntimo. Analise primeiro o seu grau de discrição, antes de se deixar levar pela emoção. Há pessoas que sentem prazer em falar da vida alheia, por isso, saiba distinguir o verdadeiro amigo, que estará sempre pronto para ajudá-lo.

Mesmo assim, evite aborrecer em demasia o próximo com seus problemas.

Você deve desabafar, mas não pare jamais de caminhar para não perder outras boas oportunidades que ainda surgirão em sua vida.

Desajustamento

Ajuste-se, para que você possa viver melhor.

Por muito que sejam os seus ideais e filosofia de vida, o mundo é o que é, e você precisa aceitá-lo para viver em paz consigo mesmo.

É evidente que a sociedade tem suas falhas e imperfeições, e o ser humano deixa ainda muito a desejar quanto à conscientização de seu verdadeiro papel. Você pode e deve lutar por construir um mundo melhor, como um soldado que não foge à batalha, mas não se violente ou destrua a própria vida.

Faça como a formiga, que, em silêncio, dentro de suas forças e possibilidades, trabalha incessantemente.

Colabore sempre que puder em prol dos ideais sadios e humanitários, mas tenha senso de equilíbrio para não se desajustar.

Desânimo

Não desanime jamais.

Procure lembrar-se de ocasiões em que o desânimo o dominou. Se analisar bem, verá que nesta fase você não progrediu.

Não permita que este sentimento negativo o domine, podando-lhe os ideais e tirando-lhe as forças para lutar. Vamos! Coragem! A vida é bela, e você deve acreditar que dias melhores virão.

Quando estamos dispostos e felizes, os problemas ficam bem menores e mais fáceis de serem resolvidos. Para levantar o ânimo, é necessário ter fé, esperança e vontade de vencer.

Acredite no Senhor, que o ampara em todos os momentos.

O desânimo não pode e não deve fazer parte de sua vida.

Desavença

Evite as desavenças.

Observe a natureza que vibra em harmonia e, por isso, é bela e admirada. Da mesma forma, o homem precisa estar em paz consigo mesmo e com o semelhante, para viver melhor.

Desde que o mundo é mundo, existem guerras e desentendimentos. Cabe a você, criatura iluminada e sensata, preservar a paz e o entendimento com os semelhantes. Evite as brigas.

Procure, racionalmente, solucionar os impasses e as desavenças da melhor forma possível, para evitar conseqüências desagradáveis. Se não houver como resolver o problema, procure esquecer o que passou, ignorando a falta de compreensão do adversário.

Você é dono de si e do seu destino; por isso, colherá exatamente aquilo que plantar.

Descanso

Usufrua do descanso que você merece.

O trabalho é o fator mais importante da vida de qualquer pessoa. Entretanto, o descanso é de vital relevância para manter o equilíbrio e a chama que ilumina a razão.

Para que possa desempenhar todas as funções com determinação, ânimo e ponderação, você necessita dosar a dinâmica da atividade para não se desgastar excessivamente.

A vida é feita de trabalho, mas o mundo existe também para oferecer ao homem o lazer de que ele carece. Relaxe!

Divida sensatamente o tempo para que possa gozar de boa saúde e tranqüilidade.

Se assim proceder, você será capaz de coordenar as obrigações harmoniosamente, demonstrando ter equilíbrio e sensatez.

Desculpas

Saiba pedir desculpas por suas faltas.

Todos somos passíveis de erros, e ninguém tem o direito de cobrar a perfeição, que pertence somente a Deus. Portanto, peça desculpas pelas falhas que cometer, para que as pessoas reconheçam as suas boas intenções. Você demonstrará assim ter educação e boas maneiras.

Da mesma forma, procure aceitar as desculpas alheias para manter os relacionamentos duradouros e saudáveis.

A desculpa é um artifício utilizado para reparar os erros cometidos. Por isso, você deve tentar cumprir todas as obrigações para evitar que tenha que justificar as suas faltas.

Pedir desculpas é direito de todos, mas não abuse da boa vontade alheia. Há limite para tudo, e você deve conscientizar-se disso.

Desejo

O desejo é a necessidade de satisfação dos seres humanos.

Todos somos compelidos por desejos, às vezes inconfessáveis. Se não houver prejuízo da liberdade alheia nem ofensa aos brios e à moral, você deve procurar satisfazer o instinto natural do desejo para evitar a frustração.

A vida é muito curta, por isso atenda às suas necessidades para viver bem consigo mesmo e ser feliz. Não vale a pena viver preso a normas e conceitos ultrapassados, somente para satisfação alheia.

Se for consciente dos atos que praticar e não violentar a ideologia alheia, você pode, e deve, ter o direito de gozar tudo que a vida tem e lhe oferece.

Desempenho

Ser um vencedor depende de seu desempenho.

Acredite, você é capaz de conquistar o espaço que lhe é de direito e realizar todos os sonhos, se houver boa vontade e confiança no sucesso de seus empreendimentos.

É trabalhando, com esforço e dedicação, que seus valores serão reconhecidos. Para que isso aconteça, é fundamental que você desempenhe o papel de um lutador incansável em prol dos ideais que almeja.

Unindo a fé, a esperança e o esforço próprio, você sentirá uma força interior tão potente que será capaz de concretizar todos os seus anseios.

É exatamente o desempenho que o fará grande o suficiente para vencer todos os obstáculos.

Desengano

Não se deixe abater pelo desengano.

Todos nós passamos por fases negativas que abalam a estrutura emocional, acarretando um sentimento de decepção e frustração. Não se entregue ao desengano, pois há muita coisa importante e construtiva que você ainda precisa realizar em sua vida.

Não se prenda ao passado ou às más experiências, pois elas lhe servirão para prepará-lo para os inevitáveis dissabores futuros. Confie em si mesmo e planeje sensatamente o futuro para construir uma nova vida cheia de realizações e vitórias.

Se o desengano é uma pedra em seu caminho, retire-a imediatamente e siga em frente. A felicidade o espera.

Desespero

Não se desespere em nenhuma circunstância.

Há momentos na vida em que os problemas se acumulam tanto que o peso da responsabilidade fica quase insuportável. Quando isto acontecer, peça a Deus que lhe dê mais forças para suportar os dissabores.

Procure ter calma e tente resolver os problemas e as situações embaraçosas com fé e coragem. Se se desesperar, você abrirá espaço para a fraqueza e o desânimo.

O desespero obscurece a razão e o discernimento, retirando a sua capacidade de raciocínio.

Se houver ponderação de sua parte, você será capaz de encontrar o caminho certo com muito mais facilidade.

Desgosto

Desgostos fazem parte da vida.

Tudo que acontece na vida tem um propósito e uma razão de ser. Por isso, procure aceitar normalmente os desgostos que porventura possam surgir. Não se vive apenas de bons momentos, e os dissabores existem como parte integrante da existência de qualquer pessoa.

O importante é não se deixar transtornar tanto pelos duros golpes para que você não aumente ainda mais os problemas. Todo mundo passa por fases negativas, mas o próprio tempo se encarrega de amenizar o sofrimento.

Vamos, siga em frente, confiante em dias melhores, e, acima de tudo, confie em Deus, que o ampara e protege em todas as circunstâncias.

Desgraça

Evite falar sobre desgraças.

Lembre-se, o pensamento é uma fonte poderosa de energia, e é ele que comanda e traça o seu destino. Por isso, evite comentar sobre desgraças, tais como guerras, desastres e crimes, para evitar que esta vibração negativa interfira em sua mente, atraindo acontecimentos afins.

Nós somos o que pensamos, e você precisa cultivar os bons pensamentos para gozar de boa saúde, equilíbrio e paz.

Se alguém comentar sobre qualquer desgraça, mostre ao semelhante que ele também deve adotar uma atitude positiva para consigo mesmo.

Agindo assim, as pessoas sentirão prazer em conversar com você, e sua vida será cercada de felicidade.

Desistência

Não desista de atingir seus propósitos.

É plausível que se desista de qualquer propósito ou objetivo, desde que a realidade mostre outra meta muito mais viável. O importante é mudar para melhor.

Você deve persistir até o fim para sair-se vitorioso em seus empreendimentos. Entretanto, se a vida lhe oferecer novas oportunidades mais interessantes, é natural que você enverede por outros caminhos.

Lembre-se, Deus escreve certo por linhas tortas. Por isso, você deve agir sensatamente ao fazer as opções, e, acima de tudo, procure planejar o futuro para que possa escolher o caminho que mais lhe convier.

Desmazelo

Não seja desmazelado com suas coisas.

Nada mais desagradável do que observarmos pessoas desmazeladas, que não sabem valorizar o que têm. Isto demonstra fraqueza de caráter e falta de personalidade.

Procure ser organizado e zele por seu patrimônio como uma dádiva que Deus lhe deu. Se não tiver zelo pelas coisas que o cercam, quem o terá? Cada um deve saber cuidar de si mesmo e dar o bom exemplo aos que o cercam. Portanto, mude para melhor o seu comportamento.

Se cultivar o costume sadio da organização e do zelo, você se tornará uma pessoa mais responsável e digna de confiança.

Desmoralização

Evite a desmoralização.

Para se construir uma vida respeitada e digna, é preciso muito esforço, dedicação e honestidade. Entretanto, para destruí-la, basta um pequeno deslize para que todo um trabalho de muitos anos vá por água abaixo.

Saiba valorizar o que conquistou e procure viver e conviver com os outros da melhor forma possível, para que não façam julgamentos maliciosos a seu respeito. Muitas pessoas não gostam de ver a felicidade alheia e procuram, justamente, os seus pontos fracos para depreciarem-lhe a imagem perante a opinião pública.

Não dê oportunidade a que o desmoralizem para que não seja necessário refazer toda a sua vida.

Desordem

Com desordem, pouco se consegue.

A própria natureza mostra que, por ser ordeira e metódica, soube construir obras maravilhosas que encantam os olhos de todos nós. Portanto, se adotar uma atitude de desordem no trabalho e na vida pessoal, será muito mais difícil você se sair vitorioso em seus empreendimentos.

Respeite aqueles que não se adaptam aos seus métodos. Nada mais desagradável do que se ter que conviver com pessoas desorganizadas. Indivíduos assim, muitas vezes por negligência, não conseguem nem mesmo organizar a própria vida, carreando, desta forma, problemas desnecessários.

Se persistir no erro da desordem, estará traçando para si uma existência confusa.

Organize-se sensatamente para que possa ter controle sobre sua própria vida.

Despeito

Não tenha despeito do próximo.

Saiba evitar radicalmente este sentimento negativo que se alimenta da inveja e da incompetência. Acredite, você é tão capaz quanto qualquer um para vencer e ser bem-sucedido na vida. Por isso, não sinta despeito dos que souberam trabalhar e prosperar com merecimento.

Em vez de criticar os outros, trabalhe com fé e coragem para realizar todos os seus desejos. Lembre-se, enquanto despende tempo para invejar o próximo, você está perdendo grandes oportunidades de crescer e prosperar.

Desperdício

O desperdício é falta de consciência.

Ponha a mão na consciência e perceba quanta coisa você desperdiçou em sua vida que poderia ter sido de grande utilidade para outras pessoas.

Lembre-se dos irmãos que sofrem e auxilie, sempre que puder, os necessitados. Antes de jogar fora qualquer coisa ou ir além dos limites normais do seu próprio consumo, conscientize-se de que alguém poderá estar precisando do que você possui em excesso.

Por mais simples que seja a doação, ela é um benefício sem preço para os que dela necessitam.

Se agir assim, você estará em paz consigo mesmo para poder desfrutar da grande oportunidade que a vida lhe deu de ser um privilegiado.

Desprendimento

Seja desprendido com os bens materiais.

Conscientize-se da transitoriedade da vida como fato irrefutável. Do mundo não se leva nada, apenas o aprimoramento espiritual e as ações que aqui se praticam. Desta forma, não se apegue excessivamente aos bens materiais. Não viva de ilusões para não sofrer mais tarde.

Você pode e deve trabalhar para prosperar e se desenvolver, mas tenha senso para não cair nos abismos do fanatismo e nos grilhões da ganância, que entorpecem as consciências. Não permita que a mesquinharia o domine, para manter-se sempre em equilíbrio.

Agindo assim, você terá uma visão muito mais racional e humana da própria vida.

Desprezo

Despreze o ofensor.

O desprezo pode ferir muito mais do que palavras ou agressões. Em vez de cultivar o sentimento negativo do ódio e da ira, procure ignorar as ofensas para não desperdiçar a vida nem se descontrolar emocionalmente.

Acredite, quando o ofensor perceber que você não se abalou e que está totalmente indiferente às injúrias que foram fomentadas, ele viverá o sentimento de derrota.

O desprezo é uma arma poderosa, capaz de demonstrar o grau de sabedoria de quem o adotou.

Agindo assim, você demonstrará ter personalidade e preparo para enfrentar quaisquer situações embaraçosas.

Destino

O destino está em suas mãos.

Conscientize-se definitivamente de que Deus nos criou e

nos deu o livre-arbítrio para agirmos conforme nossa vontade. Portanto, o destino é você quem faz.

Se tiver pensamentos de medo, desânimo, doença e tristeza, sua vida será de infortúnios e derrotas. Entretanto, se mantiver pensamentos de vitória, saúde, alegria e esperança, você estará traçando para si um destino glorioso, onde terá paz, amor e prosperidade.

Adote o pensamento positivo como fonte geradora de energia para vibrar no diapasão das vibrações divinas.

Sua vida se transformará numa alegria sem fim.

Deturpação

Antes de transmitir qualquer informação, certifique-se da veracidade dos fatos para não deturpar a verdade.

Quando se diz alguma coisa, uma simples palavra ou tom de voz pode alterar o sentido de qualquer mensagem, que, transmitida aos outros, gera uma seqüência natural de deturpações que pode ocasionar fatos e situações desagradáveis. Acautele-se!

O homem é escravo do que diz, e é preferível manter-se calado do que dizer coisas que não conhece bem ou de que não esteja devidamente inteirado. É preciso que haja respeito pela vida alheia, sobretudo.

Agindo assim, as pessoas depositarão em você confiança e admiração.

Deus

Sem pretensão de definir, é o presente do verbo ser, na terceira pessoa do singular.

Dever

Os direitos que você exige são conseqüências dos deveres que deve cumprir.

Não cobre os deveres dos outros antes de cumprir os seus. É exatamente no ponto de equilíbrio entre o direito e o dever que mora a consciência humana. Portanto, se cumprir os deveres com honestidade e prontidão, os direitos automaticamente já são seus.

Saiba no entanto dosar os impulsos para que você não interfira ou prejudique os direitos alheios. Procure sensatamente uma maneira de saber conviver com as obrigações e usufruir do que lhe pertence.

Agindo assim, você demonstrará ter senso de justiça, e as pessoas sentirão prazer em conviver com você.

Diálogo

Mantenha diálogos saudáveis e construtivos.

Evite desperdiçar o tempo que lhe é precioso, comentando assuntos irrelevantes que nada lhe acrescentarão nem o farão crescer e se desenvolver. Procure dialogar com todos os tipos de pessoas para ampliar o nível de entendimento e compreensão das coisas. Lembre-se, cada ser humano traz em si um ensinamento, e é por isso que ouvir o interlocutor atentamente é uma atitude inteligente.

O diálogo é uma arma poderosa, capaz de grandes benefícios, e ele deve estar em primeiro lugar, antes que se tome qualquer atitude.

Saiba conversar com os outros para adquirir experiência e conquistar aliados.

Difamação

Toda pessoa, sem exceção, sofre o processo da difamação.

É justamente por isso que você não deve se deixar abater pelas injúrias lançadas sobre o seu nome. Ninguém consegue por muito tempo enganar a todos; mais cedo ou mais tarde, a verdade aparece e os caluniadores ficarão desmoralizados e inertes perante os fatos incontestáveis.

Vamos, siga em frente e tenha paciência para saber superar esta fase desagradável da difamação. Jamais dê razão aos caluniadores para evitar que eles continuem tentando desmoralizá-lo. Ao contrário, erga a cabeça e despreze-os.

Quando perceberem, você terá progredido tanto que eles passarão a admirá-lo e a invejá-lo.

Dificuldade

A dificuldade maior está justamente na dificuldade que se tem para descobrir por onde se deve começar para resolver as próprias dificuldades.

A vida não é um mar de rosas. Ela implica trabalho, dedicação e experiências que são, muitas vezes, desagradáveis e desgastantes. Porém, tudo faz parte do desenvolvimento pessoal, e o homem necessita dos problemas para tornar-se forte o bastante para resolver futuras situações embaraçosas.

Nas dificuldades que a vida lhe impõe, é fundamental usar de bom senso e discernimento para descobrir o fio da meada que desenrola o impasse.

Com o passar dos anos, você adquirirá vivência suficiente para superar as fases ruins com praticidade e sabedoria.

Dignidade

Não perca a dignidade.

Em quaisquer circunstâncias da vida, procure trilhar sempre o caminho do bem e da honestidade. Se não agir corretamente para com os semelhantes, as pessoas inevitavelmente perderão a confiança e se afastarão de você.

Um nome manchado e um comportamento indigno destroem a vida de qualquer pessoa. As portas se fecham e as oportunidades se restringem a grupos desajustados que o farão cair cada vez mais na marginalidade. A sociedade precisa de você e de sua parcela de contribuição.

Há muita coisa bonita e positiva dentro de seu ser, e você deve fomentar os bons princípios para ser uma pessoa respeitada, admirada e merecedora da confiança de todos.

Dinamismo

Quem é dinâmico faz o tempo no tempo certo.

Quem deseja conquistar qualquer objetivo não basta apenas ter vontade, é preciso dinamismo nos empreendimentos, para que você sinta a força viva que habita em seu interior.

Deixe a preguiça para os fracos e os indolentes, fadados a um futuro sem perspectiva e sem projeção. É tempo de iniciar uma nova fase, cheia de coragem e energia, que será a mola propulsora do sucesso que você almeja.

Trabalhe, leia bons livros, exercite-se e cultive o espírito para dinamizar a sua existência.

Agindo assim, você terá prazer em viver cada dia.

A satisfação pessoal é um sentimento que não tem preço.

Dinheiro

Não viva em função do dinheiro.

É evidente que o mundo de hoje nos obriga a tomar atitudes que visam ao lucro e à prosperidade. Tentar subir na vida é uma providência nobre e merecedora de admiração.

Todo ser humano tem o direito de carrear para si o melhor que o mundo pode oferecer. Entretanto, não viva exclusivamente em função do dinheiro, e não permita que ele o domine e escravize. Lembre-se, a vida é passageira, e a riqueza acumulada não lhe servirá após a morte. É fundamental não nutrir sentimentos de mesquinharia para não cair nos abismos do desequilíbrio e da ganância.

O dinheiro só traz alegria se você souber utilizá-lo para descobrir a própria felicidade.

Direito

Quem cumpre o dever automaticamente já detém o direito.

Todo ser humano tem o seu direito na sociedade e dentro das próprias leis de Deus, que deu a seus filhos a dádiva da vida. Se nascer é um direito, viver dignamente também o é, e você deve lutar conscientemente para defendê-lo, valendo-se dele para construir a sua vida.

Da mesma forma, há os deveres que devem ser cumpridos para que o homem possa honrar os direitos que lhe cabem.

Se você mantiver o equilíbrio e souber respeitar a liberdade alheia, você estará cumprindo com honradez os compromissos, valendo-se, conseqüentemente, dos direitos que lhe pertencem.

Discórdia

Não fomente a discórdia.

Desde que o mundo é mundo, o homem convive com a discórdia, e poderá, quem sabe, desaparecer da face da Terra por causa dela.

Você, que busca a perfeição e o aprimoramento, deve combater este sentimento negativo, que deprecia os valores humanos e rebaixa a racionalidade de uma raça.

Procure, primeiramente, estar em paz consigo mesmo para que possa lutar pela paz do mundo. Se não houver como agir fisicamente para dissipar a discórdia, pelo menos emita os seus sentimentos de paz para os semelhantes.

Como um soldado, suas vibrações positivas se somarão à poderosa corrente do bem que alimentará de esperança o futuro de todos nós.

Discrição

Seja discreto com as pessoas que o rodeiam.

Procure ser sensato para não incomodar as pessoas com perguntas indiscretas. Respeite a privacidade alheia para que você não seja uma pessoa indesejada e cansativa.

Se quiser ajudar alguém, faça-o dentro de suas possibilidades, mas não ultrapasse o limite que os semelhantes desejam impor. Não seja inconveniente e tenha senso de ridículo.

Da mesma forma, defenda-se para que as pessoas não violentem a sua privacidade. Se viver com discrição, você nem sequer necessitará pedi-la aos outros.

Agindo assim, você será uma pessoa benquista e confiável.

Discriminação

Não discrimine para não ser discriminado.

Ninguém tem o direito de condenar o comportamento alheio, porque este não se coaduna com os princípios próprios. O ser humano tende a discriminar tudo que lhe é estranho e que não compreende.

Não rotule ou rebaixe a moral dos outros somente por não viverem a sua verdade. Cada pessoa tem os seus princípios e valores, e apenas Deus pode condenar ou absolver os filhos.

Lembre-se de que ninguém é melhor do que ninguém; por isso, eleve o pensamento e tente compreender os semelhantes, aceitando-os como são.

Agindo assim, você demonstrará sabedoria e será uma pessoa conceituada e portadora dos reais valores humanos.

Discussão

Evite as discussões.

Em qualquer discussão, as partes querem impor suas razões e vontades. Em tais circunstâncias, é imprescindível que você se mantenha calmo para chegar a um acordo amigável, sem prejuízo de ninguém.

Nos momentos de ira, você poderá cometer atos inconscientes que o deixarão arrependido pelo resto da vida. Por isso, procure se controlar para não perder a razão e o discernimento.

Evite ofender os brios e a moral alheia para não incitar o próximo a cometer violências contra você mesmo. Procure, em vez de discutir, dialogar ao máximo, para chegar a um denominador comum.

A discussão só servirá para piorar as coisas, e você precisa entender isso para evitar aborrecimentos futuros.

Disposição

Quem tem disposição tem tudo para vencer na vida.

Imagine quantas pessoas têm vontade de crescer e se desenvolver, possuem dons e dotes suficientes para tal, mas não têm disposição? Da mesma forma, idealize quantos milionários dariam tudo que têm para gozar de boa saúde e dinamismo e usufruir da riqueza que acumularam? Se você tem disposição, é um privilegiado; conscientize-se disso.

Doravante, utilize-se desta energia maravilhosa para si e para os que o cercam. Há muito o que fazer e desenvolver, basta querer com convicção.

Se estiver realmente disposto a vencer os obstáculos, não existirá força capaz de detê-lo.

Disputa

Saiba ganhar ou perder em qualquer disputa.

Nada mais deselegante e desagradável do que pessoas que não têm espírito esportivo e que não aceitam ser derrotadas. Se é o seu caso, procure mudar de atitude para viver bem consigo mesmo e com os outros.

Da mesma forma, vencer qualquer disputa não deve ser

motivo para alimentar o ego, gerando sentimentos de arrogância e egocentrismo. Quem se dispõe a disputar qualquer coisa deve estar convenientemente preparado para ganhar ou perder.

Ao ser derrotado em qualquer confronto, você não deve se entregar à decepção, mas planejar sensatamente o futuro para conquistar novas disputas.

Agindo assim, você demonstrará ter caráter e equilíbrio.

Distância

A menor distância entre duas pessoas é o amor que as une.

Conscientize-se de que a distância não existe se dentro do seu coração existir o amor pelo próximo. Há pessoas que convivem diariamente umas com as outras, mas nem por isso se amam verdadeiramente ou se respeitam mutuamente.

Para o amor não existem barreiras, nem tempo, nem idade, nem mesmo a distância. Muitas vezes é justamente de longe que se raciocina melhor e se costuma dar o verdadeiro valor ao ser amado.

Se houver maturidade, respeito e confiança entre as pessoas que se amam, a distância jamais será motivo para que um relacionamento termine.

Afinal, o que é a distância, senão o esconderijo da saudade?

Distração

Esteja sempre atento.

Nada mais irritante e desgastante do que tolerar pessoas distraídas. Se você se julga uma delas, procure mudar imediatamente o comportamento em seu próprio benefício.

A distração atrasa o seu desenvolvimento e o rotula como pessoa despreparada, irresponsável e indigna de confiança.

Para que os semelhantes lhe depositem crédito, você deve demonstrar lucidez e atenção ao abordar os assuntos ou desempenhar as suas funções. Pare de divagar em pensamentos inúteis que nada lhe acrescentam, a não ser denegrir a sua imagem e o seu conceito.

Preste bastante atenção aos interlocutores para poder responder à altura, demonstrando assim capacidade de raciocínio e inteligência.

Se assim proceder, você estará apto para desempenhar qualquer função de maneira eficaz.

Divertimento

O divertimento é tudo aquilo que se faz com amor.

Não adianta fingir para si mesmo que está se divertindo se não houver prazer e amor naquilo que faz. Saiba aproveitar os bons momentos da vida para relaxar e descontrair do trabalho fatigante. O lazer é extremamente necessário para manter o equilíbrio. É nele que você recarrega as energias, necessárias para continuar lutando para construir uma vida melhor. Divirta-se!

A vida é bela e muito curta e você precisa saber aproveitar sensatamente as boas oportunidades para não se arrepender mais tarde.

Lembre-se, a vida é caminho sem volta, e você não deve desprezar as alegrias presentes para mais tarde não sentir o gosto da frustração.

Doação

Dê de si para viver melhor.

Evite os sentimentos do egoísmo e do egocentrismo, que acarretam dissabores e arrependimentos futuros. Não viva só para si, pois mais tarde sentirá a dor da solidão.

Divida com os menos favorecidos o pão de cada dia e você verá quanto bem isto lhe fará. A doação requer, principalmente, espírito de abnegação, e você, criatura que busca a perfeição e o aprimoramento, deve nutrir este sentimento desprendido de valores materiais.

Da mesma forma, dê também o amor e sua palavra de fé e otimismo para os que deles necessitarem.

Assim procedendo, você sentirá permanentemente a presença de Deus iluminando a sua vida.

Doença

A doença está na mente.

Quem vive pensando em doença acaba adoecendo o pensamento. Conscientize-se definitivamente de que se a mente estiver sã, assim também estará o corpo. Evite comentar sobre doenças para não as atrair para si.

Em vez disso, cultive a palavra e o pensamento de saúde, energia e equilíbrio. Confie em Deus, que o ampara em todas as circunstâncias, e viva a sua vida com método e alegria. Procure comentar assuntos agradáveis, de amor, vitórias e conquistas, para vibrar no diapasão do sucesso.

Se cuidar racionalmente do corpo e alimentar a mente de cultura e sabedoria, você gozará de boa saúde e sentirá o prazer da felicidade.

Dogma

Não se prenda a dogmas ultrapassados.

Procure aceitar o dogma da verdade absoluta de forma inegável.

Creia em Deus Todo-Poderoso, que o ampara e protege sempre. Entretanto, não se prenda a lendas ou superstições fúteis e banais, que são o culto de pessoas despreparadas e fracas de espírito.

O mundo evolui, e você precisa acompanhar o desenvolvimento da humanidade, senão ficará para trás, preso a conceitos ultrapassados, que atrasam o seu desenvolvimento. Evolua!

Ponha bom senso até mesmo na curiosidade que o impulsiona a querer conhecer os mistérios da vida.

Seja inteligente, e não se prenda a filosofias limitadas que o podarão como ser humano que deseja evoluir e crescer.

Dom

Já parou para pensar quais são os seus dons?

O dom existe em todas as pessoas, indistintamente, porém de formas diferentes. Veja quantas pessoas já descobriram os seus talentos e põem a público o trabalho maravilhoso, fruto de esforço e dedicação. Você também pode desenvolver os dons que Deus lhe deu; basta descobri-los e incentivá-los.

Em vez de invejar o próximo, olhe para dentro de si mesmo e veja quanta coisa bela existe em você.

Vamos! Não deixe para amanhã o que pode fazer hoje. Inicie imediatamente o trabalho de dirigir com sensatez o seu talento para construir uma vida melhor.

Domínio

Domine os pensamentos e, principalmente, as palavras.

Acredite, você é soberano da verdade silenciosa; portanto, preste bastante atenção no que ousa pronunciar. A palavra escraviza o homem, pois, uma vez dita, faz dele seu dependente. É você quem deve dominar as palavras, e não o contrário.

Da mesma forma, se um pensamento negativo tentar **lhe** furtar a razão e o discernimento, peça a proteção de Deus, que ilumina as consciências mais entorpecidas.

Você é senhor absoluto do seu destino, e é o pensamento que norteia os rumos da existência.

Se souber controlar os impulsos negativos, coordenar os pensamentos racionalmente e dominar as palavras, você será considerado uma pessoa sensata e equilibrada.

Dor

A dor é passageira.

Não há como comparar o grau das dores, pois a pior delas é a que se está sentindo no momento. Tudo na vida passa, os bons momentos, as alegrias, e também a dor. Portanto, confie em dias melhores que estão por vir. Não se suponha um desgraçado e um infeliz, pois estará sendo injusto para com a bondade divina.

O importante é a conscientização da transitoriedade das emoções. A vida segue sempre em frente, e você deve acompanhá-la, para deixar o passado morto e enterrado. Esqueça-se do ontem e não se prenda aos dissabores do passado para não desperdiçar o presente e o futuro.

Agindo assim, as dores serão bem mais fáceis de suportar.

Dúvida

A dúvida é o limite entre o certo e o errado.

A dúvida resume-se em medo do fracasso, e é uma maneira de a consciência distinguir o certo do errado.

Todos nós passamos por momentos de insegurança e incerteza, que geram dúvidas em nossas atitudes e decisões. Se houver dúvida sobre qualquer fato, é preferível adiar a decisão para não se arrepender mais tarde.

Faça primeiramente uma análise criteriosa das conseqüências advindas de qualquer decisão que porventura possa tomar. Se a dúvida persistir, consulte a consciência e peça a Deus que lhe mostre o caminho certo a seguir.

Uma vez decidido, tome o caminho escolhido e siga sempre em frente. A felicidade o espera.

E

Educação

Pratique o hábito da boa educação.

Evite ser desagradável aos que o rodeiam e utilize-se de diplomacia para resolver problemas e situações. É evidente que as pressões diárias que se sofre, somadas ao estresse e ao cansaço, acumulam no psiquismo tensões e nervosismo.

O mais importante entretanto é a conscientização de que as pessoas não têm culpa de seus problemas. Não seja injusto, descarregando sua irritação sobre os outros, para que não o classifiquem de grosseiro e mal-educado.

A educação é a base em que se apóia toda a sociedade. É ela o pilar que sustenta o conceito que as pessoas terão de você.

Eficiência

Seja eficiente em seu trabalho.

Não permita que o classifiquem de incompetente e relapso, para que possa conquistar respeito. Tanto na vida profissional quanto na particular, a eficiência que demonstrar despertará admiração e confiança.

Se cumprir dignamente os deveres, com inteligência, senso prático e responsabilidade, você estará provando a sua competência.

A eficiência é a grande arma daqueles que conseguem vencer na vida e que alcançam o sucesso.

Agindo assim, você será capaz de desempenhar qualquer função com eficácia e provará a si mesmo e aos demais a sua capacidade.

Egoísmo

Não viva somente para si.

Não permita que o sentimento negativo do egoísmo o domine, tornando-o uma pessoa descontrolada e incapaz de perceber a verdadeira essência do espírito humano. Não viva somente para si para que mais tarde você não sinta a dor da solidão. Contribua!

Você pode e deve lutar para vencer e prosperar, mas permita que seu irmão também alcance o sucesso. Evite a inveja, que corrompe os ideais e inibe o sentimento fraterno que habita o coração dos justos.

Viva conscientemente a vida, procurando estar em paz consigo mesmo.

Agindo assim, o egoísmo será banido de seu ser, e você verá brilhando em si a luz do amor universal.

Elegância

Seja elegante em suas posturas e colocações.

Não há quem não admire uma pessoa que demonstra um porte elegante. A elegância deve ser cultivada naturalmente, e você não precisa utilizar-se de subterfúgios para consegui-la.

Se for natural, espontâneo, demonstrar educação e souber reportar-se a um bom nível, você será admirado pelos semelhantes, que reconhecerão suas boas maneiras.

Entretanto, precavenha-se para não confundir elegância com esnobismo. O elegante o é por si mesmo, sem artificialismos e futilidades. O esnobe demonstra fraqueza e arrogância e vive de ilusões.

Você pode e deve procurar ser elegante, mas acautele-se em manter o bom senso para não ser ridicularizado.

Elogio

Saiba receber os elogios com naturalidade.

Nada mais gratificante do que a realização pessoal e o

reconhecimento público pelo trabalho realizado. Se o seu esforço foi reconhecido, use dos elogios que lhe fizeram como mola propulsora para gerar novas forças que o farão crescer e progredir mais.

Evite a arrogância, que causa antipatia.

Não permita que a lisonja o faça crer não ser mais necessário lutar, fazendo-o cair nos abismos da ilusão. Lembre-se, você é uma criatura em aperfeiçoamento, e ainda há muito a aprender.

Receba os elogios com moderação e firme-se neles para aprimorar ainda mais o seu desempenho.

Eloqüência

Não falsifique suas emoções.

Não use de eloqüência para atingir os objetivos aos quais se propõe, iludindo ou fantasiando a consciência do próximo. Seja responsável, e não use a sua envolvência para convencer os outros a viver a sua própria razão.

A eloqüência é uma arma poderosa que poderá voltar-se contra si mesmo, se a usar com finalidades banais ou desonestas. Respeite o seu irmão menos esclarecido que busca a luz do entendimento.

Se for uma pessoa honesta, trabalhadora e positiva na maneira de pensar, os que o rodeiam sentirão prazer em conviver com você, sem haver necessidade de divulgar seus próprios valores.

Emoção

O homem se expressa pela emoção.

É a emoção que define o próprio ser humano e o diferencia das demais criaturas da Terra.

Saiba conviver conscientemente com suas emoções e procure controlar aquelas que podem ser negativas ou trazer-lhe conseqüências imprevisíveis e desagradáveis.

A emoção pode podar-lhe os sentidos, fazendo-o cometer atos dos quais poderá se arrepender mais tarde. Controle-se!

Da mesma forma, os sentimentos enobrecem a alma, e sem eles você seria uma pessoa fria, distante e apática.

Equilibre-se para que as emoções contribuam no sentido de fazê-lo mais humano e mais próximo de Deus.

Energia

Sinta a energia em tudo que o rodeia.

Conscientize-se da energia universal que comanda e equilibra todo o universo. Procure buscar para si e para os semelhantes as energias positivas que lhe trarão benefícios. Sintonize-se nesta corrente vibratória de paz, saúde, amor e prosperidade para que a energia captada se transmute em tudo aquilo que você almeja.

Creia em Deus Todo-Poderoso como criador de todas as coisas e o gerador único da fantástica energia que nos mantém vivos e nos ilumina.

Se os seus pensamentos forem de paz e bondade, você sentirá em si a presença de Deus dando-lhe forças para vencer todos os obstáculos.

Enfado

Não permita que a vida se torne enfadonha.

Precavenha-se para que a rotina não destrua os seus ideais, fazendo de sua vida uma existência monótona e desmotivada. Procure de vez em quando mudar de ares e de ambiente para encontrar o equilíbrio e adquirir novas forças para continuar lutando. Renove-se!

Dê o verdadeiro valor a tudo que possui e às pessoas com quem convive para que você possa sentir a própria felicidade. Entretanto, não permita que o cotidiano lhe roube o interesse, fazendo-o cair nos abismos do desânimo, da tristeza e do enfado.

A vida é mudança, e você precisa acompanhá-la para sentir alegria e entusiasmo em todos os seus momentos.

Engano

Precavenha-se para não enganar a si mesmo e aos outros.

Seja sincero com as pessoas que o rodeiam e evite enganá-las com segundas intenções. Respeite o próximo que lhe depositou confiança para que possa receber dele o respeito que você merece.

Da mesma forma, não se engane vivendo um mundo de ilusões e mentiras. Aceite a realidade como ela é, e não fantasie a sua existência para que possa gozar de sensatez e equilíbrio.

Ninguém é perfeito, e o homem tem o direito de errar, desde que reconheça o erro e o assuma com maturidade. Seja educado e procure se desculpar perante os outros pelos enganos cometidos.

Agindo assim, você demonstrará ser forte e digno de confiança.

Engrandecimento

Não se engrandeça perante o próximo.

Ninguém nasce sabendo, e tudo que é grande já foi um dia pequeno e indefeso. Evite engrandecer-se comentando sobre suas qualidades e dotes para que a arrogância não se manifeste, causando antipatia.

Se for humilde e consciencioso, seu trabalho será reconhecido por todos, que o admirarão e lhe depositarão crédito.

Valorize-se, mas permita que as pessoas façam as próprias avaliações a seu respeito, baseadas no seu esforço e talento. Você pode e deve lutar para se desenvolver, mas tenha senso de equilíbrio para que o seu crescimento venha de forma natural e espontânea.

Assim procedendo, você será um exemplo para os que o cercam.

Entendimento

O entendimento é a luz da verdade.

Você, criatura humana que busca a perfeição e o aprimoramento, foi dotado de inteligência e razão. Portanto, abra a mente e coloque a compreensão acima de tudo, para que possa aceitar e entender o ponto de vista e a escolha do próximo.

O entendimento é a pedra fundamental para o seu desenvolvimento espiritual. Não se prenda a tabus e crenças ridículos e ultrapassados que atrasam a sua evolução. O mundo evolui a passos gigantescos, e você deve acompanhá-lo para ficar a par da realidade. Conscientize-se!

Renove-se a cada instante para viver em paz consigo mesmo e com o próximo.

Entusiasmo

Distribua entusiasmo onde quer que esteja.

Procure ser forte, dinâmico e alegre, para que você possa gerar entusiasmo em si e nos outros. As pessoas terão prazer em sua companhia, pois estarão motivadas a vencer os obstáculos através do entusiasmo que sua personalidade sabe transmitir. Anime-se!

Entretanto, não faça falsas promessas ou iluda as consciências dos semelhantes. Precavenha-se para não despertar sentimentos de ilusão e fantasia nas pessoas menos preparadas. Mostre-lhes a realidade como ela é e incentive-as a lutar com esperança e coragem, mas dentro da lógica e da razão.

O entusiasmo é uma arma poderosa, capaz de fazê-lo um vencedor.

Envelhecimento

Assuma a sua idade.

Envelhecer é destino de todo ser, e por isso você deve aceitar normalmente essa etapa da vida. Procure viver as idades, usufruindo do gosto de magia e ilusão que cada uma delas pode lhe oferecer.

Aproveite sabiamente os bons momentos de sua vida para que mais tarde você não sinta frustração pelas oportunidades que ousou desperdiçar. Não se entregue à derrota e à decepção que os anos lhe impõem.

Exercitando o corpo e a mente, você se sentirá sempre jovem e bem-disposto.

Com o passar dos anos, você encontrará tanta felicidade em seu caminho que sentirá prazer em envelhecer.

Equilíbrio

Busque o equilíbrio.

É exatamente o equilíbrio que mantém a estabilidade do universo e a sabedoria da natureza. Por maiores que sejam os problemas e as pressões que lhe são impostos, você deve procurar ter senso do dever para conquistar o equilíbrio de que necessita. Tenha calma e paciência para que possa resolver as adversidades e os infortúnios com segurança. Equilibre-se!

Saiba dosar racionalmente os impulsos para que você não seja dominado por emoções negativas ou por sentimentos que podem deixá-lo fora de si.

Se agir com ponderação e lógica, as pessoas confiarão em você, e você demonstrará ter responsabilidade e equilíbrio.

Erro

Assuma os seus erros.

Ninguém é perfeito, e você também não o é. Procure demonstrar firmeza de caráter e honestidade, assumindo as falhas cometidas. O importante é você conscientizar-se de que errou e doravante acertar com segurança.

Da mesma forma, saiba perdoar as faltas alheias e não cobre dos semelhantes a perfeição que eles não são capazes de demonstrar. Conscientize-se de que o ser humano é uma criatura em aprimoramento, e todos nós temos imperfeições.

Você deve perdoar os erros, mas precavenha-se para não assumir cumplicidade com as falhas alheias.

O perdão também tem limites, e você deve ter senso para que não usem suas boas intenções para finalidades duvidosas.

Escândalo

Fique à parte de escândalos.

Não se envolva com pessoas de baixo nível espiritual, que sentem prazer em falar da vida alheia. Evite aquelas que são maldosas, mexeriqueiras e gostam de difamar os outros; elas depreciam a sua imagem.

Se ouvir comentários sobre qualquer escândalo, mostre a si mesmo e aos outros que você não contribuirá para divulgar o boato. Respeite a vida do próximo.

Eleve o seu pensamento e despenda o tempo com assuntos relevantes, que possam lhe trazer benefícios. Procure cuidar de seus interesses e não perca tempo preocupando-se com as particularidades dos outros.

Aprenda a calar-se sobre a vida alheia para que todos possam confiar em você.

Escolha

Escolha o melhor possível para a sua vida.

Acredite, cada escolha que se tem é uma grande chance para mudar os rumos da existência. Você é dono de si e do seu pensamento; por isso, procure pensar positivamente para que o destino aconteça da maneira que você deseja.

A vida é uma estrada, e em cada trecho surgem opções que podem mudar os acontecimentos futuros. Procure ser sensato e escolha convenientemente as melhores alternativas para que você possa obter sucesso em seus empreendimentos.

Antes de fazer qualquer opção, consulte primeiramente a consciência e ouça em silêncio a voz de Deus, que o protege.

São as escolhas que você fizer que traçarão e governarão a sua vida.

Esnobismo

Não se engrandeça perante os outros.

Procure ser você mesmo, criatura humana detentora de qualidades e defeitos. Seja qual for o mérito alcançado, evite esnobar os feitos ou engrandecer-se perante os semelhantes para evitar que a arrogância se manifeste, causando antipatia.

Lembre-se, ninguém é melhor do que ninguém, e você deve cultivar a humildade ao falar de si e do seu trabalho para que as pessoas não o classifiquem de despreparado e convencido.

Se se mantiver calado e provar a sua eficiência e dinamismo, todos o admirarão e reconhecerão os seus esforços.

Se esnobar os seus feitos, estará demonstrando mil defeitos.

Esperança

A esperança acalenta a imaginação.

Por piores que sejam os momentos vividos ou os infortúnios sofridos, mesmo assim você deve contar com o poder e a força indestrutível da esperança. Infelizes daqueles que não a têm.

Por piores que sejam o cotidiano e os problemas da vida, você deve confiar que dias melhores virão. Lembre-se, tudo na vida passa, até mesmo os dissabores e a desilusão. Creia em Deus, que o ampara e o protege, e mentalize positivamente o pensamento para conseguir todos os seus objetivos.

A esperança é a arma mais poderosa do ser humano, e você deve preservá-la para conquistar a sua felicidade.

Esperteza

Use de esperteza para ser bem-sucedido.

Saiba aproveitar conscientemente os dons que Deus lhe deu para atingir os seus objetivos. Utilize-se da inteligência, energia e atividade para coordenar equilibradamente o trabalho, demonstrando assim competência e dedicação.

Evite os devaneios e procure estar permanentemente atento

a tudo para desempenhar as funções com vivacidade e segurança.

Não seja relapso e distraído para que as pessoas não o classifiquem de desinteressado e incompetente. Se for esperto no trabalho e na vida particular, você sem dúvida conquistará o lugar que merece.

Agindo assim, você demonstrará segurança aos que o cercam.

Espontaneidade

Use de espontaneidade na manifestação de seus sentimentos.

Nada mais desagradável do que lidarmos com pessoas falsas e mentirosas. Evite tais sentimentos negativos, que depreciam sua imagem perante os outros.

Para que confiem em você, você deve ser principalmente sincero e honesto, para receber o respeito e a admiração do próximo.

Se usar de espontaneidade em quaisquer situações, você será considerado uma pessoa forte, segura e muito especial.

Não permita que a falsidade o corrompa, mascarando o seu ego e a sua verdade.

A espontaneidade é um tesouro sem preço, e você deve preservá-la para que as pessoas o considerem e o respeitem.

Esquecimento

Esqueça os maus momentos.

Não se prenda ao passado infeliz que o tortura e amedronta. A vida é um eterno recomeçar, e você merece toda a chance de ser feliz e reiniciar a sua jornada com esperança e paz. Esqueça o que passou e siga em frente, confiante em dias melhores.

Lembre-se das más experiências apenas no sentido de orientá-lo para que você não caia no mesmo erro. Você é um ser humano sujeito a imperfeições; por isso, inicie hoje mesmo o trabalho de reconstrução de sua vida com o coração em liberdade.

Amanhã será sempre outro dia.

Essência

A alma do homem é a essência de Deus.

Somos centelhas divinas rumando para a perfeição, por isso sinta a presença de Deus dentro de si e em tudo que fizer.

Se mantiver pensamentos de amor para com os semelhantes e todas as criaturas da Terra, seu espírito se rejubilará na luz eterna do amor universal. Perceba em si mesmo a essência que o Criador lhe legou, dotando-o de sentimentos e bondade.

Com a herança que o Senhor lhe concedeu, você deve cultivar a perfeição e o desenvolvimento espiritual, tarefa básica da existência do homem no nosso planeta.

Cumpra dignamente a missão terrena para que, após a sua partida, você possa viver na companhia de Deus para todo o sempre.

Estima

Cumpra os deveres para ser estimado.

Não exija que as pessoas tenham reconhecimento ou consideração por você se você não fizer a sua parte, cumprindo com as obrigações que lhe cabem.

A estima é um sentimento natural e espontâneo, e brota do fundo do coração, movido pela gratidão. Portanto, seja grato àqueles que o favoreceram e dispense-lhes a estima que realmente merecem.

Da mesma forma, você receberá o apreço dos semelhantes se lhes manifestar a atenção necessária.

Assim procedendo, as pessoas sentirão prazer em conviver com você, e você será estimado e benquisto por todos.

Estímulo

Estimule o próximo a ser um vencedor.

Não despeje palavras de desânimo sobre seu irmão que luta por dias melhores e almeja vencer na vida. Pelo contrário, incentive-o a prosseguir corajosamente em busca do sucesso e da realização pessoal.

Procure estimular as pessoas que denotam boa vontade e que necessitam de palavras amigas para sentirem-se seguras e com poderes para desenvolver os seus objetivos.

Da mesma forma, aproveite sabiamente os conselhos dos amigos no sentido de espelhar-se no bom exemplo dos outros, para sair-se também vitorioso.

O estímulo é uma arma poderosíssima e pode despertar poderes ilimitados dentro de você, capaz de vencer quaisquer obstáculos.

Estupidez

A estupidez é o trunfo daqueles que não sabem argumentar.

Controle-se para não magoar os semelhantes. Procure controlar suas emoções para que você não seja classificado de grosseiro e mal-educado. É natural as tensões do cotidiano acumularem no psiquismo uma sobrecarga que às vezes se torna insuportável. Entretanto, é fundamental que você se lembre que não é justo descarregar a ira e a revolta sobre os outros, que nada têm com seus problemas.

Evite essa atitude negativa, que poderá trazer-lhe aborrecimentos e inimizades.

Trate a todos da maneira como você gostaria de ser tratado.

Eternidade

O homem é eterno quando o seu trabalho permanece.

Conscientize-se da transitoriedade da vida, da grandeza do espírito e da insignificância da existência humana perante a eternidade.

Todos nós temos uma missão a cumprir, e você deve assumir as suas responsabilidades, imbuído do espírito de fraternidade e amor ao próximo.

Trabalhe conscientemente, com fé em Deus, fazendo de sua vida uma estrada de paz e felicidade, concretizando assim as vitórias almejadas. O tempo passa rápido, e você deve aproveitar todos os momentos para aperfeiçoar-se e desenvolver-se.

Agindo assim, tanto você quanto o seu trabalho estarão eternizados.

Evidência

Aceite a evidência com naturalidade.

Qualquer pessoa inteligente, eficiente e lutadora se sobressai perante as demais. A competência, naturalmente, atrai a vitória, mas você deve precaver-se para que sentimentos negativos e inferiores não o dominem.

Controle-se para que o sucesso não destrua a sua boa índole, corrompendo o íntimo e abalando o bom senso. Não permita que a arrogância se manifeste, pois o indivíduo em evidência, naturalmente, causa inveja e antipatia aos incompetentes.

Se você é muito notado, continue trabalhando firmemente em seus propósitos e jamais dê a oportunidade a determinadas pessoas de destruir-lhe o bom nome ou difamá-lo.

Evolução

Acompanhe a evolução do mundo.

Não se prenda a crenças e superstições fúteis e banais que nada lhe acrescentam a não ser deixá-lo cada vez mais despreparado e fora da realidade. Atualize-se!

É evidente que você deve honrar a tradição a que pertence, mas precavenha-se para não se tornar uma pessoa atrasada e ultrapassada. A vida clama por mudanças e aperfeiçoamento, e você não deve ficar preso à ignorância ou a falsas censuras que lhe impõem limites castradores.

Se Deus é perfeição, Ele também nos quer perfeitos, e você deve abrir a mente para que a sua consciência seja iluminada.

Evolua para que seja considerado uma pessoa moderna e consciente da realidade.

Exagero

Não exagere os seus sentimentos.

Tudo que é feito com equilíbrio e bom senso resulta em conseqüências naturais e aceitáveis. Não exagere os problemas nem coloque pessimismo sobre a sua vida para que você não aumente ainda mais os dissabores que o abatem. Controle-se!

Da mesma forma, evite exagerar os fatos e acontecimentos que surgem para que você não seja chamado de mentiroso. Viva dentro da realidade e evite ser artificial para não se tornar ridículo.

Usando ponderação e bom senso, será digno de confiança e projetará uma imagem madura e consciente.

Viva a realidade para não sofrer no futuro.

Exaltação

A exaltação fere os brios da humildade.

Evite engrandecer-se perante seu semelhante para que o convencimento não o domine. Da mesma forma, controle-se para não exagerar o bom conceito de uma determinada pessoa. Lembre-se, ninguém é perfeito, e todos somos sujeitos a erros e imperfeições. Por isso, ao exaltar excessivamente as qualidades alheias, você estará assumindo uma postura de cumplicidade.

Precavenha-se para que mais tarde não fique decepcionado com o comportamento daquele que você exaltou.

Você pode e deve dar boas referências de quem realmente merece, mas cuidado para não se espelhar nos outros, atribuindo-lhes o caráter e a honestidade que competem a você.

Exclusivismo

Evite o sentimento de exclusivismo.

Você pode e deve zelar por tudo aquilo que ama e preza, mas precavenha-se para não assumir atitudes de posse e mando para ser respeitado, e não temido.

O exclusivista atrai para si o sentimento de egoísmo, que gera desequilíbrio e incompatibilidades. Procure conviver saudavelmente com as pessoas para que elas sintam prazer em sua companhia.

Não imponha comportamentos ou atitudes sobre os semelhantes para que não o classifiquem de inconsciente e desrespeitador. Permita às pessoas perceberem que você é importante para elas.

Não seja exclusivista para mais tarde não sentir o dissabor da solidão.

Exibicionismo

Não use de exibicionismo para mostrar as suas qualidades.

Precavenha-se para não se deixar levar por sentimentos mesquinhos e vulgares. Não seja inconveniente e tenha senso do ridículo. Se for competente e trabalhador, suas qualidades serão notadas sem haver necessidade de usar artifícios para mostrá-las ou exibi-las. Controle o seu ego!

A atenção que você busca será dispensada naturalmente por aqueles que admiram seu trabalho e talento. Não há necessidade de ressaltar o seu sucesso, se ele realmente existe.

Viva dentro da realidade e tenha senso de equilíbrio para que as pessoas passem a respeitá-lo.

Êxito

Quem suporta o êxito do próximo conquistará o próprio êxito.

Quem deseja vencer na vida precisa de trabalho, esforço e dedicação, mas, principalmente, de compartilhar da felicidade alheia.

O desejo de crescer e prosperar é uma atitude nobre e

merecedora de aplausos, e você deve lutar corajosamente para atingir os seus objetivos, movido pela força de vontade que o impulsiona. Entretanto, não inveje quem é um vencedor. Seu êxito depende, principalmente, da humildade de seu ser, que se regozija com o êxito alheio.

Se você almeja o sucesso, vá em frente, confiante na vitória, acreditando que realizará todos os seus sonhos.

Experiência

Quem tem experiência tem tudo para vencer na vida.

Cada dia que passa é uma lição de vida e mais experiências vivenciadas que nos fazem crescer e amadurecer. É fundamental que você se utilize de toda a experiência adquirida no passado para conquistar um presente glorioso e um futuro promissor.

Por mais que nos suponhamos experientes, a vida nos mostra que nunca cessamos de aprender. Conscientize-se portanto de que você é uma criatura em desenvolvimento, que necessita de aprimoramento e vivência.

Não se prenda aos maus momentos do passado, pois eles o fizeram mais forte e confiante.

O mais importante da experiência é que ela ilumine o futuro e o presente, e não o passado.

Explicação

Busque com sabedoria as explicações de que precisar.

A curiosidade é um sentimento que impulsiona o ser humano a buscar incessantemente as explicações que o satisfaçam. Sacie a sede do saber para que você se integre à realidade e sinta-se bem consigo mesmo como pessoa portadora de cultura e sabedoria.

Entretanto, acautele-se para não exagerar os seus atos. Procure não incomodar os outros com perguntas indiscretas, nem exigir explicações que não lhe competem diretamente.

Você pode e deve interessar-se em desenvolver seu talento

para evoluir e prosperar, mas use bom senso e dimensione as conseqüências de seus atos para que os outros sintam prazer em conviver com você.

Exploração

Explore o potencial que Deus lhe deu.

Conscientize-se de que Deus deu a todos os seus filhos o dom da inteligência e os sentimentos mais puros e profundos. Saiba explorar conscientemente o seu íntimo e utilize-se positivamente dos dons maravilhosos que possui.

Não permita que sentimentos negativos o dominem, nem se utilize deles para atingir os seus propósitos. Você pode e deve usar as armas que dispõe para crescer e se desenvolver, mas saiba explorar sensatamente os seus potenciais para que se sinta em paz.

Agindo assim, você se conhecerá verdadeiramente.

Expurgo

Expurgue definitivamente de sua vida tudo que é nocivo.

A partir de hoje, analise-se criteriosamente e faça um balanço decisivo de sua existência. Verifique tudo que o incomoda e o aborrece e expurgue o que lhe for prejudicial. Não compensa viver preso a circunstâncias ou a pessoas que nada lhe acrescentam, a não ser desgostos e dissabores. Valorize-se!

Procure contornar sabiamente as situações e trace planos para mudar os rumos de sua vida. Não perca mais tempo: inicie hoje mesmo o seu trabalho de construir o amanhã, antes que seja tarde demais.

Assim procedendo, você estará renovado e disposto a construir uma existência mais feliz.

F

Facilidade

Seja forte para vencer os obstáculos com mais facilidade.

Todo ser humano deseja crescer e prosperar, mas apenas alguns possuem coragem e determinação para realizar os seus desejos. Muitos desanimam no meio do caminho e traçam para si uma existência frustrada.

O importante é você conscientizar-se de que, quanto mais difícil de atingir um objetivo, maior valor e reconhecimento será dado à sua vitória. A facilidade de ser bem-sucedido em qualquer empreendimento depende da sensatez, força de vontade e dinamismo que você empregar.

Não tenha medo das dificuldades que lhe surgem, para que elas sejam mais fáceis de ser vencidas.

Falsidade

Seja sincero com seus semelhantes.

Evite o sentimento negativo da falsidade, que rebaixa seus valores e sua conduta moral. Não há quem suporte o falso, que se esconde atrás da máscara da hipocrisia.

Respeite as pessoas que lhe depositam confiança e esperam o retorno com lealdade e presteza. O homem colhe exatamente o que planta, e se você, no íntimo, nutre sentimentos mesquinhos, atrairá para si pessoas mentirosas e fracas de espírito. A amizade é o maior tesouro do mundo, e você deve preservar os amigos que tem, para viver bem consigo mesmo.

Seja sincero, para que viva cercado de amigos leais.

Fama

Não se iluda com a fama.

A fama é um sentimento de ambição, capaz de destruir sua vida. Conscientize-se de que, se pretende ser famoso, você deve estar convenientemente preparado em termos psicológicos para enfrentar as situações decorrentes do sucesso. Precavenha-se para que a fama não lhe desvirtue o íntimo ou lhe corrompa os ideais.

Se o seu trabalho foi reconhecido e é, portanto, motivo para comentários, você deve tentar ser o mais natural possível, para evitar que a arrogância se manifeste.

A fama poderá até ser o seu objetivo, mas acautele-se para que ela não se torne um problema futuro, capaz de tirar-lhe a paz e a tranqüilidade.

Família

Preserve sua família.

A família é a base em que se apóia toda a sociedade, e um tesouro sem preço, indistinto a ricos ou pobres. Seus familiares são os melhores amigos que você possui, e, por isso, devem ser devidamente respeitados e valorizados.

Infelizes daqueles que não tiveram ou não têm o respaldo familiar tão necessário para despertar a sensação de proteção e aconchego de que todo ser humano necessita. Procure manter o sentimento de união e amizade entre os seus, para que juntos possam vencer os problemas com mais facilidade.

Se tiver uma família que o acolhe e o preza, você sentirá segurança em sua vida.

Fanatismo

Defenda o seu ponto de vista, mas evite o fanatismo.

Evite este sentimento deprimente e irracional para que as pessoas não o classifiquem de radical e desequilibrado. Você pode e deve honrar as tradições e filosofias de vida que escolheu, mas não exagere ou imponha comportamentos sobre os semelhantes para que as pessoas não se aborreçam e se afastem de você.

Respeite o ponto de vista dos outros e procure não criticar ou menosprezar a ideologia alheia. O fanatismo gera desequilíbrio, e você deve evitá-lo para não ser ridicularizado.

Faça ao semelhante o que deseja para você.

Fantasia

Não fantasie em sua mente para não sofrer mais tarde.

Evite viver dominado por ilusões ou fantasias que podem atrasar o seu desenvolvimento e acarretar problemas irreversíveis em sua vida. Aceite a realidade como ela é e enfrente de cabeça erguida os problemas, como um soldado que não foge à luta. Quando se é muito jovem, o mundo nos mostra uma face fantasiosa, que com o decorrer dos anos é desmascarada pela verdade.

Entretanto, evite ser rancoroso e não cobre de si mesmo responsabilidades que estão além de seus esforços. Viva dentro de um equilíbrio saudável e saiba que nada o impede de sonhar com dias melhores, desde que esteja com os pés no chão e consciente de suas possibilidades.

Agindo assim, você estará preparado para enfrentar a vida com toda a realidade.

Fascinação

O fascínio é o capricho de um desejo.

É natural que as coisas belas da vida e os prazeres materiais despertem fascinação em qualquer um. O homem vive em busca da satisfação de seus instintos e desejos, e por isto é impulsionado a lutar para atingir os seus propósitos.

Seja o que for que lhe desperte a fascinação, acautele-se para não criar ilusões. Você pode e deve se empenhar para realizar seus sonhos, mas saiba distinguir a fantasia da realidade. É colocando os pés no chão que você estará preparado para desfrutar saudavelmente as suas vitórias.

Não viva de ilusões para não sofrer mais tarde.

Fatalidade

A fatalidade é apenas uma má impressão.

Não se impressione com coincidências, fatos desagradáveis ou mesmo catástrofes que possam ser prejulgadas como fatalidades. Lembre-se, o destino é você mesmo quem traça e comanda, e são os pensamentos que você emite que determinam os acontecimentos futuros.

Confie na sabedoria divina, que guia e ampara a todos nós, indistintamente, determinando o melhor caminho que devemos seguir. Não seja supersticioso nem fantasie mitos que não existem. Viva dentro da realidade para que você possa manter o equilíbrio e a sensatez.

Pense positivamente para atrair a saúde e o sucesso.

Favor

Quem busca retorno num favor não o fez com amor.

Procure ser prestativo para com os que o rodeiam, movido pelo espírito de fraternidade que habita o seu ser. Não permita que o sentimento do interesse lhe corrompa o íntimo, gerando mesquinharia e deslealdade para com os semelhantes.

Saiba prestar um favor a quem quer que seja, com boa vontade e desprendimento, para que as pessoas lhe depositem crédito e amizade. Entretanto, acautele-se para que não usem suas boas intenções para finalidades banais ou tirar proveito de sua boa vontade. Você deve sim prestar um favor a quem necessita, mas desde que realmente mereça um voto de confiança.

Agindo assim, você se verá cercado de amigos sinceros.

Fé

Quem crê tudo pode.

Creia em Deus Todo-Poderoso, que nos criou. Infelizes daqueles que não têm fé e estão fadados a uma existência sem propósitos. Sua missão na Terra é muito mais importante do que você imagina, e você deve colocar Deus acima de tudo para que Ele possa estar permanentemente ao seu lado, orientando-o e mostrando-lhe qual o melhor caminho a seguir.

A fé remove montanhas, e você não deve julgar-se desamparado nos infortúnios e nas decepções da vida, pois o Senhor tudo vê e tudo sabe.

A fé é a arma mais poderosa para elevar seu espírito.

Feiúra

Quem ama o feio bonito lhe parece.

Não seja fútil, preocupando-se exclusivamente com a aparência física. Procure, em vez disso, descobrir o íntimo dos semelhantes, para que você não seja iludido.

Há pessoas que não são belas exteriormente, mas carregam em si sentimentos humanos puros e nobres, capazes de despertar admiração. Da mesma forma, há quem é belo e usa uma casca ilusória para encobrir os grandes defeitos que possui.

Procure dar o verdadeiro valor às pessoas pelo que elas representam, e não pelo que aparentam ser.

Agindo assim, você estará demonstrando maturidade e senso de justiça.

Felicidade

A felicidade está dentro de você.

Não existe lugar ou momento que possa trazer-lhe a felicidade, mas apenas a sensação de bem-estar e alegria. A felicidade é muito mais complexa do que a mera satisfação pessoal ou euforia passageira.

Para que você seja realmente feliz, é indispensável primeiramente que esteja em paz consigo mesmo e com a vida. Não se iluda com aparências e olhe para dentro de si, para que possa encontrar-se como ser humano, capaz de visualizar o caminho que o fará feliz.

A felicidade não mora longe, ela pode estar bem perto de você, basta que a descubra à sua maneira. Se não houver prejuízo da liberdade alheia, você pode e deve ser feliz ao seu modo, sem se preocupar com opiniões ou censuras castradoras.

Fidelidade

Cultive a fidelidade de pensamento.

Ser fiel não significa apenas apoiar-se em meras aparências para justificar um relacionamento. É preciso, antes de tudo, que você seja fiel a si mesmo e ao seu pensamento para que possa estar em paz e com a consciência tranquila.

Para que isto aconteça, é necessário, principalmente, o respeito pelo próximo que lhe depositou confiança e anseia ser correspondido. Se você estiver realmente feliz com quem ama, não há como buscar em outrem o que o ser amado pode lhe oferecer, com muito mais honestidade e desprendimento.

Antes de assumir qualquer compromisso, analise sensatamente se é o que de fato deseja, para evitar arrependimentos futuros e sentimentos frustrantes.

Filho

O filho é a ânsia da vida.

Nada acontece sobre a face da Terra que não haja uma razão ou não seja pela vontade de Deus. Portanto, seu filho veio através de você, mas não lhe pertence.

Todo ser humano vem ao mundo para cumprir uma missão, e somente o Senhor pode determinar-lhe o caminho a seguir.

Respeite a individualidade e o pensamento de seu filho, pois cada criatura é una e singular em todo o universo.

Você pode e deve orientá-lo a seguir o bom caminho e apoiá-lo incondicionalmente em quaisquer circunstâncias, com amor e abnegação, mas não exagere o instinto de proteção, para que ele possa desenvolver a personalidade através de esforços próprios.

O filho é tudo aquilo que a vida deseja.

Filosofia

Adote uma filosofia de vida.

Não permita que sua existência se torne desmotivada e sem propósitos. Olhe para dentro de si mesmo e conscientize-se de que nada no universo acontece por acaso, e, se você veio ao mundo, é porque existem razões. Ponha sentimento em tudo que fizer para que sinta a vida pulsando em tudo que realizar. Não viva como se a vida fosse um parque de diversões, pois assim você estará desperdiçando a oportunidade de aperfeiçoar a sua mente e o seu espírito.

A filosofia é o caminho do autoconhecimento, e você precisa analisar a si mesmo para encontrar seu caminho e sua verdade.

Finalidade

Analise as suas finalidades.

Verifique sinceramente se as finalidades que você busca não são apenas uma mera satisfação de futilidades ou do seu ego. Se deseja atingir os objetivos aos quais se propõe, você deve primeiramente certificar-se se não haverá prejuízo aos semelhantes.

Os propósitos de vida devem ser embasados num prisma de honestidade e justiça. É imprescindível que você assuma uma atitude humana e saudável, para que atinja os fins almejados com a consciência tranqüila do dever cumprido.

Não se iluda com meras aparências e procure encarar a realidade para que possa usufruir sensatamente das vitórias alcançadas.

Agindo assim, você encontrará mais sentido em sua vida.

Fingimento

Seja sincero com os semelhantes.

Evite definitivamente o sentimento negativo do fingimento, que lhe deprecia a imagem e corrompe o espírito. Use a franqueza em suas opiniões, procurando não magoar ou ferir os semelhantes. O verdadeiro amigo é aquele que diz a verdade abertamente, na intenção de colaborar com o próximo.

Se ocultar os sentimentos, você estará assumindo uma postura de hipocrisia e cinismo e, mais cedo ou mais tarde, o tempo se encarregará de desmascará-lo. Respeite a todos para que possam também respeitá-lo.

O fingimento é a arma dos fracos e dos incompetentes. Por isso, você deve ser sincero ao máximo para conquistar a confiança de todos.

Firmeza

Seja firme em suas atitudes.

Procure ter certeza absoluta do que deseja e almeja, para que possa lutar com interesse e vontade no sentido de atingir os seus propósitos.

Quem não sabe o que quer comporta-se como as folhas das árvores, que caem de acordo com a direção do vento. Procure ser seguro de si mesmo e transmita aos que o rodeiam a firmeza do seu caráter.

Evite ser volúvel e coloque os pés no chão para viver dentro da realidade da vida. Agindo com firmeza, as pessoas terão prazer em conviver com você.

Se assim proceder, você estará demonstrando ter personalidade e senso de responsabilidade.

Fome

Agradeça a Deus pelo alimento que o sustenta.

A fome é o flagelo da humanidade, e por isso você deve colaborar sempre no sentido de abrandar o sofrimento alheio. Divida o pão com o irmão menos favorecido e evite o desperdício para que você possa viver com a consciência tranqüila.

Se você não passar por necessidades, já é um privilegiado. Por mais simples que seja o alimento, ele o mantém vivo e disposto. Por isso, agradeça ao Senhor pela oportunidade que lhe foi concedida.

A fome é a maior negligência humana, e você deve fazer a sua parte, dentro das possibilidades, para viver bem consigo mesmo.

Força

Sinta a força que habita o seu ser.

Procure perceber dentro de si o poder que emana de Deus, que o ampara e o protege. Creia na força do pensamento, que, aliada à fé, coragem e esperança, é capaz de conduzi-lo nos caminhos do bem e da verdade.

Todo ser humano tem dentro de si a força de que carece para resolver os problemas. Por isto, saiba canalizar devidamente os seus esforços para que o destino aconteça da maneira como você deseja.

Utilize-se sabiamente de seus potenciais para crescer e desenvolver-se e procure respeitar o próximo sem rebaixá-lo ou menosprezá-lo.

Lembre-se: não há força capaz de sobrepujar a força do bem.

Fracasso

Só admite o fracasso aquele que o merece.

Você, criatura humana que busca a perfeição e o aprimoramento, não deve deixar-se envolver pelo desânimo. Evite sentimentos frustrantes, que o enfraquecem e fazem de você um perdedor.

Ao contrário, se houve fracasso em qualquer empreendimento, você deve acreditar e ter esperança de que sairá vitorioso no futuro.

Você pode e deve ser um bom perdedor, se porventura a vitória estiver além de suas forças e possibilidades, mas não se entregue à derrota, que o deixará incapaz de lutar por dias melhores.

Afirme sempre que puder: o fracasso de hoje é o degrau para o sucesso de amanhã.

Franqueza

Use a franqueza em suas opiniões.

A pessoa franca é sempre vista como exemplo, e você deve assumir esta atitude para com todos que o rodeiam. Entretanto, não confunda franqueza com rispidez. Quem é franco mostra capacidade de compreensão e quer ver o semelhante crescer e se desenvolver. O ríspido, no entanto, demonstra incapacidade para aconselhar o próximo e não se preocupa em magoá-lo ou não.

Você pode e deve usar a franqueza, mas não ultrapasse o limite da sensatez para não se tornar inconveniente. Respeite a opinião e o ponto de vista alheios para que também respeitem o seu.

A franqueza é uma qualidade fundamental para aqueles que desejam amizades sinceras e duradouras.

Fraqueza

O fraco é aquele que não crê ter a mesma força de um forte.
Acredite, Deus nos fez à Sua imagem e semelhança e por

isso, como Pai, concedeu a todos os filhos o mesmo potencial. Não permita que a fraqueza o domine, trazendo-lhe o desânimo e a derrota.

Pense positivamente que conseguirá atingir todos os seus propósitos, para acionar as forças que habitam o seu ser. Se o seu irmão saiu-se vitorioso, você também pode conseguir o mesmo, se acreditar em Deus e nos dons com que Ele o dotou.

A partir de hoje, considere-se um forte para poder conquistar corajosamente a felicidade.

Fraternidade

Cultive o sentimento de fraternidade.

Ser fraterno não significa apenas ser bondoso e auxiliar o próximo. É, antes de tudo, o respeito à liberdade de opção e escolha dos semelhantes. Evite que o egoísmo e o individualismo o dominem, para que você possa participar e colaborar com os que sofrem e necessitam do seu apoio.

Não viva somente para si para que mais tarde você não se arrependa e fique preso aos grilhões da solidão. Seja desprendido para saber entender e aceitar o ponto de vista e a vontade dos outros.

A fraternidade define a consciência e enaltece os valores do ser humano.

Fraude

Não fraude seus sentimentos.

Procure ser você mesmo, não se preocupe com opiniões alheias ou censuras. Se cumprir dignamente seus compromissos e não interferir nem lesar a liberdade alheia, você pode e deve atender aos seus anseios e vontades, sem usar máscaras ou subterfúgios.

Use a verdade como lema de vida e procure ser autêntico para demonstrar personalidade e caráter definido. Se agir com sinceridade e respeitar o próximo, não haverá quem o repreenda por suas escolhas e opções.

Falsificar emoções é uma atitude que deve ser evitada, para que você possa encontrar a si mesmo e a própria felicidade.

Frustração

Faça o que a consciência lhe determina para evitar a frustração.

A frustração é um sentimento negativo que pode abalar as estruturas de sua personalidade. Para que isso não aconteça, não perca jamais as boas oportunidades que a vida oferece.

Trabalhe, leia e aproveite sensatamente os bons momentos para mais tarde não se arrepender pelo tempo perdido. A vida é caminho sem volta, e você não deve desperdiçar as chances que lhe são oferecidas para ser feliz.

O tempo passa rápido, por isso inicie hoje mesmo o seu trabalho de construir o amanhã, mentalizando positivamente o sucesso de seus empreendimentos.

Agindo assim, você sentirá alegria, prazer e realização pessoal.

Fúria

A fúria é capaz de ferir a própria palavra.

Procure controlar-se ao ser provocado ou quando se deparar com problemas e situações que lhe despertem fúria e ódio. Se você se deixar levar por este sentimento negativo, poderá cometer atos que o deixarão arrependido pelo resto da vida.

Todo ser humano passa por fases e problemas que podem obscurecer a razão. O importante é conscientizar-se de que tudo na vida passa, os bons momentos e até mesmo a ira e a revolta. Para evitar conseqüências desagradáveis, procure ter paciência e calma.

Agindo assim, você será capaz de resolver os impasses com tranqüilidade e equilíbrio.

Futilidade

A futilidade fornece as armas de que a incompetência necessita.

A futilidade é refúgio dos fracos, incompetentes e pobres de espírito. Procure dar o verdadeiro valor às coisas e às pessoas que o cercam para que você não seja classificado de vazio e despreparado.

As pessoas fúteis dificilmente conseguem amizades sinceras, e são sempre alvos de críticas. Procure ter senso de ridículo e valorize-se para conquistar respeito dos semelhantes.

Saiba discutir assuntos relevantes com as pessoas e assuma o verdadeiro papel de ser humano que veio à Terra cumprir missões importantes para o aperfeiçoamento espiritual.

A futilidade só servirá para deixá-lo inseguro e frustrado.

Futuro

O futuro é o agora disfarçado de sonhos e esperanças.

Viva intensamente o presente, utilizando-se das experiências passadas, para semear e planejar um futuro de paz e tranqüilidade. Faça como a formiga que trabalha no verão para sobreviver ao inverno rigoroso.

Mentalize positivamente a sua vida e acredite que será feliz. Ponha fé e energia em seus pensamentos para que os esforços não sejam em vão. O futuro é você quem constrói, por isso empenhe-se ao máximo no presente para colher os frutos de seu trabalho produtivo.

Agindo assim, você estará traçando para si uma vida de alegria e felicidade.

G

Ganância

Contente-se com o que possui.

Evite o sentimento negativo da ganância, que gera desequilíbrio e causa descontentamento permanente. O ser humano tem o direito de lutar para crescer e prosperar, desde que saiba controlar os impulsos da ganância.

Conscientize-se de que a vida é curta e não vale a pena vivê-la em função de enriquecimento e glória. A felicidade vale mais do que tudo isso, e você não deve desperdiçar os bons momentos que a vida oferece sendo escravo do dinheiro e da ambição.

Liberte-se da ganância para viver em paz e usufruir sensatamente da própria felicidade.

Generosidade

O generoso é mais recompensado do que o próprio favorecido.

Experimente dar de si, prestando favores aos irmãos necessitados, e perceba quanta alegria isto lhe trará.

Ser generoso implica cultivar o sentimento de fraternidade e amor ao próximo. Entretanto, saiba distinguir devidamente entre os que de fato necessitam e os que não passam de meros aproveitadores da boa vontade alheia.

Procure privilegiar aqueles que verdadeiramente merecem a sua ajuda para não cometer injustiças. A generosidade é uma atitude nobre e digna de admiração, que você deve cumprir para estar em paz com a própria consciência.

Deus, que tudo vê e tudo sabe, recompensá-lo-á.

Genialidade

Se acreditar em si mesmo, você já é um gênio.

Conscientize-se de que Deus nos fez à Sua imagem e semelhança e soube privilegiar a todos os filhos indistintamente. Acredite na força e no poder que habitam sua mente e use-os devidamente para desenvolver os talentos com que o Criador o dotou.

O gênio nada mais é do que alguém que sabe usar o seu potencial, concentrando todos os esforços para a realização pessoal. Você também pode conquistar o que almeja, desde que tenha boa vontade e se utilize sabiamente da inteligência para vencer os obstáculos.

Se o seu objetivo for para o bem e você tiver fé na realização de seus propósitos, não haverá força capaz de detê-lo.

Gentileza

Seja gentil para com o próximo.

Não há quem não admire uma pessoa gentil, que sabe tratar bem a todos. Gentileza requer, antes de tudo, respeito e consideração pelo próximo.

Procure ser cortês para receber o apreço e a simpatia. Entretanto, precavenha-se para que não abusem de sua boa vontade. Você deve tratar a todos da melhor maneira possível, mas saiba também impor-se com respeito para que não usem suas boas intenções para finalidades banais ou duvidosas.

Se for educado, discreto e não interferir na vida alheia, você estará demonstrando ter personalidade e firmeza de caráter.

Agindo assim, você será uma pessoa admirada e benquista.

Glória

A glória vem de Deus.

Se você é um vencedor e conquistou o lugar almejado, agradeça ao Senhor a sua glória. Obviamente, houve luta, trabalho e dedicação, que culminaram na vitória consagradora. Entretanto, conscientize-se de que a mão de Deus esteve presente em todos os instantes para orientá-lo.

Você pode e deve alimentar o sentimento de realização pessoal, mas precavenha-se para não fomentar a arrogância e o complexo de superioridade. Aceite normalmente o seu sucesso como fruto de um trabalho produtivo, bem-dirigido e realizado com amor.

Agindo assim, as pessoas o admirarão e se espelharão em você para também conquistar o lugar que merecem.

Graça

Agradeça a Deus a graça alcançada.

Nada acontece sobre a face da Terra que não tenha uma razão de ser ou que não seja pela vontade de Deus. Se uma graça foi alcançada ou um benefício lhe foi concedido, seja eternamente grato àqueles que o favoreceram e eleve o seu pensamento ao Senhor.

Há quem se lembre de orar apenas nos momentos difíceis, em que se é tomado pelo desespero. Ao contrário, você deve procurar sentir a presença divina em todos os instantes de sua vida, para sentir-se confortável e protegido.

A maior graça do ser humano é a sua fé no Criador.

Grandeza

Não se engrandeça perante os outros.

Evite ressaltar as suas qualidades diante das pessoas, para que elas não o classifiquem de antipático e arrogante. Lembre-se de que ninguém é melhor do que ninguém e você deve cultivar o sentimento de humildade ao falar de si para que o seu trabalho seja reconhecido naturalmente.

A grandeza de um homem se mede pelo seu caráter, por isto não há necessidade de incrementar seus valores. Agindo de forma natural e espontânea, o seu talento será reconhecido por todos, sem haver necessidade de enaltecer os méritos de sua vitória.

Agindo com humildade, você demonstrará a grandeza de sua alma.

Gratidão

Seja eternamente grato àqueles que o favoreceram.

Reconheça no irmão que lhe prestou um favor um aliado nos momentos difíceis. Agradeça a ele!

Da mesma forma, se porventura você beneficiou a outrem, não espere retorno ou recompensa pelo seu ato. Não se preocupe com o ingrato, pois a ingratidão faz parte da infelicidade dele. Faça aos outros o que deseja que façam a você, para que possa viver em paz e com a consciência tranqüila.

O importante é que você reconheça os verdadeiros amigos, para que possa corresponder-lhes verdadeiramente.

A gratidão é um sentimento nobre que você deve cultivar para receber o respeito e a admiração dos semelhantes.

Grosseria

A grosseria faz o homem perder a razão.

Procure tratar as pessoas conforme você gostaria de ser tratado. Se perder o controle sobre as emoções, poderá dizer coisas que o deixarão arrependido pelo resto da vida.

Evite magoar o semelhante para que ele possa respeitá-lo e admirá-lo como pessoa sensata e equilibrada. Existe muita diferença entre grosseria e firmeza de caráter. Esta se manifesta através de uma personalidade marcante, qualidade das pessoas que sabem o que querem e que demonstram inteligência e lógica.

Além de você conquistar inimizades, a grosseria poderá

arruinar os seus propósitos de vida, carreando para você a infelicidade e a solidão.

Guerra

Viva em paz consigo mesmo para viver em paz com o mundo.

A guerra é a maior estupidez humana, e você deve evitar terminantemente até mesmo comentá-la para que seus pensamentos não se somem à corrente negativa que assola o nosso planeta.

Desde que o homem surgiu na Terra, a guerra é um fato inegável. Entretanto, doravante, participe da corrente universal do bem, emitindo vibrações de paz para toda a humanidade. Para não fomentar a guerra, é preciso que haja paz e fraternidade em seu coração.

Procure portanto viver bem com os semelhantes.

A paz do mundo depende de você; por isso, não meça esforços no sentido de preservar o bom entendimento entre os que o rodeiam.

Gula

Evite a gula em seu próprio benefício.

Procure controlar os impulsos da gula, para que você possa manter-se em equilíbrio. O homem deve comer para manter-se disposto e com boa saúde.

Entretanto, não exagere os limites que seu estômago pode suportar. Lembre-se dos desafortunados que passam miséria e privações e que necessitam do seu excedente, até mesmo para sobreviver.

Você pode e deve alimentar-se bem para ter saúde e bem-estar, mas tenha senso para controlar a gula, que poderá gerar o sentimento do egoísmo.

Seja consciente e coma o seu alimento agradecendo a Deus pela dádiva alcançada.

H

Habilidade

Cultive suas habilidades.

Faça uma análise criteriosa de si mesmo e descubra as habilidades que possui, para utilizá-las em benefício próprio e dos semelhantes.

Toda pessoa traz em si talentos maravilhosos, que devem ser devidamente aproveitados. Não desperdice ou menospreze os dons que Deus lhe deu, para não se arrepender mais tarde.

Se souber como canalizar os esforços com coragem e determinação, você colherá os frutos de seu trabalho e sentirá o prazer em ser vitorioso.

Vamos, não perca tempo: inicie hoje mesmo o aproveitamento de suas habilidades que o farão sentir-se realizado.

Sua vida se tornará uma alegria sem fim.

Hábito

Cultive os hábitos saudáveis.

Cada ser humano tem costumes e maneiras particulares; portanto, analise os hábitos alheios e confronte-os com os seus para avaliar até que ponto você pode estar adotando uma conduta incompatível com a realidade.

É evidente que você deve ter a sua própria personalidade, sem se deixar influenciar pela dos outros, mas verifique se o seu comportamento não está discrepante dos hábitos comuns da sociedade à qual pertence.

É importante que não haja prejuízo da liberdade alheia, para que você possa cultivar os seus hábitos de forma independente.

Respeite o ponto de vista e o hábito dos outros e evite as críticas, para que possam respeitá-lo da maneira como deseja.

Harmonia

Busque a harmonia em tudo que fizer.

A harmonia é a pedra fundamental do equilíbrio do ser humano. Para viver em paz e com a consciência tranqüila, é preciso que haja entendimento de sua parte em todos os momentos da vida.

Cultive o bom costume de fomentar a compreensão para com os semelhantes, de maneira que você possa viver em harmonia com todos. Se deseja ser benquisto e conquistar grandes amigos, é necessário principalmente que você adquira a harmonia interior.

Agindo corretamente e respeitando o ponto de vista alheio, você estará dando um grande passo para estabelecer relacionamentos saudáveis e harmoniosos.

Heroísmo

O herói é aquele que realiza as suas façanhas, sem buscar reconhecimentos.

Procure agir conforme determina a sua consciência, sem no entanto visar a glórias ou louros. O homem que trabalha e cumpre dignamente o papel de ser humano é naturalmente destacado e valorizado.

Se dentro de você existe a vontade de beneficiar o próximo, faça-o naturalmente, movido pelo espírito de fraternidade. Entretanto, não espere retorno pelos seus atos. O herói, na maioria das vezes, nem sabe que o foi, pois seu espírito de renúncia e abnegação é muito maior do que o egoísmo e a vaidade.

Agindo assim, você demonstrará bravura e coragem.

Higiene

Tenha higiene para gozar de boa saúde.

Conscientize-se definitivamente de que quem tem saúde tem tudo para vencer na vida. Portanto, preserve o seu bem-estar para que possa ter disposição e enfrentar com coragem e determinação os problemas que surgem.

Cuide da aparência e do corpo físico de maneira equilibrada, para que possa usufruir de sua saúde e viver feliz. A higiene é imprescindível para qualquer pessoa, mas não deve ser confundida com futilidades ilusórias. O ser humano precisa se cuidar, mas não exagere as suas precauções para evitar que você se torne medroso e inseguro.

Saiba dosar sensatamente os hábitos da higiene para que você tenha saúde e equilíbrio emocional.

Hipocrisia

A hipocrisia é o refúgio dos incompetentes.

Evite definitivamente o sentimento negativo da hipocrisia, que o desclassifica e o torna uma pessoa indesejada. Saiba ser amigo para conquistar a admiração e o respeito alheios.

O hipócrita é um fraco que se utiliza da falsidade para esconder a sua própria verdade. O tempo é o maior inimigo do fingido, que aos poucos é desmascarado, traçando para si uma vida vazia e solitária.

A hipocrisia corrompe os bons princípios e deprecia a moral e o caráter do ser humano.

Procure ser sincero com o próximo para conquistar amizades leais e duradouras.

Honestidade

A honestidade não é qualidade, mas obrigação de todos nós.

Não se engrandeça se estiver consciente de sua honestidade e caráter. Tais atributos não passam de qualificações básicas de qualquer ser humano que deseja crescer, desenvolver-se e viver com a consciência tranqüila.

A honestidade traz principalmente paz de espírito e conforto para que você possa andar de cabeça erguida e com a sensação do dever cumprido. É cumprindo dignamente o papel de cidadão que você estará traçando uma vida honrada e respeitada.

Agindo honestamente, será admirado e respeitado.

Honra

A honra é a verdade de cada um.

Não basta ser um vencedor ou conquistar glórias se dentro de você não existir o sentimento de honra, que enobrece e exalta os brios do ser humano. Cada pessoa tem valores próprios e particulares, que retratam a verdade de cada um.

Para que se sinta bem consigo mesmo, você deve honrar as tradições às quais pertence e, principalmente, o bom nome e o respeito alheios. O homem sem honra é como um rosto sem expressão, que se confunde no meio dos fracos e desmotivados.

Honre os seus sentimentos para receber o respeito e a admiração do próximo.

Hostilidade

Seja receptivo a todos que o cercam.

Evite nutrir sentimentos de hostilidade em relação aos outros, para que possam também considerá-lo com respeito. Se for amistoso e simpático, as pessoas sentirão prazer em conviver com você. Além disso, para conquistar amigos, é fundamental que você demonstre receptividade e calor humano.

Entretanto, precavenha-se para não se deixar levar pelo entusiasmo, que poderá cegá-lo. Analise criteriosamente o grau de discrição, honestidade de sentimentos e sinceridade dos outros antes de depositar-lhes plena confiança.

Para evitar a decepção, não julgue o próximo por meras aparências ou suposições.

Agindo assim, você será capaz de selecionar devidamente as amizades sinceras.

Humanidade

Cultive os sentimentos humanos.

Não permita que a vida moderna, a agitação do cotidiano e os compromissos sociais modifiquem-lhe o íntimo, tornando-o uma pessoa fria, calculista e distante.

Procure conscientizar-se de que você é um ser humano e por isso deve cultivar e nutrir sentimentos fraternos e humanitários. Não se deixe contaminar pelo desamor, pela competição e pela violência, que degeneram os princípios básicos da humanidade, de amar ao próximo como a si mesmo.

Você pode e deve acompanhar a evolução e o desenvolvimento que a própria vida lhe impõe, mas não perca jamais a semente humanitária que habita seu espírito.

Lembre-se, você é um ser humano e deve comportar-se como tal.

Humildade

Evite falar sobre si mesmo.

Mesmo que seja um vencedor e que possua dons e qualidades incontestáveis, evite comentá-los para não parecer arrogante e antipático.

Sua humildade será um convite a todos que desejam crescer e prosperar como você. Não se engrandeça perante o próximo exaltando os seus feitos, para não ferir os sentimentos alheios. Seja humilde!

Entretanto, humildade não significa submissão. Você pode e deve ser modesto ao falar de si, mas não se rebaixe ou permita que alguém o humilhe. Imponha-se!

Dê respeito para também receber o respeito dos outros.

Agindo assim, você demonstrará ser forte e digno de confiança.

Humilhação

Não humilhe o próximo.

Precavenha-se para não humilhar o próximo através de palavras, atos ou circunstâncias quaisquer. Cada ser humano possui uma sensibilidade ímpar, e você deve estudar cada um individualmente, para saber como agir sem ferir ou magoar o sentimento alheio.

Da mesma forma, não permita que ninguém o rebaixe. Se isso acontecer, procure lembrar-se de que ninguém é melhor do que ninguém, pois você também possui valores, como qualquer um.

Saiba impor-se com respeito para que as pessoas possam valorizá-lo da maneira como realmente merece.

Tratando a todos conforme gostaria de ser tratado, você demonstrará suas qualidades sem humilhar o próximo.

Humor

Evite o mau humor.

Nada mais desagradável do que suportar uma pessoa mal-humorada e descontrolada. Obviamente, as pressões do cotidiano, o cansaço e o estresse favorecem o descontrole emocional. Mesmo assim, procure ser alegre e descontraído, para que as pessoas sintam prazer em conviver com você.

Lembre-se, se não conseguir controlar devidamente as emoções negativas, você poderá cometer atos que o deixarão arrependido pelo resto da vida.

Procure ser otimista e veja o lado bom de cada momento da vida, para que você possa encontrar o caminho que o levará à felicidade.

Sorria, pois a vida é bela e você merece ser feliz.

I

Idade

Aceite a sua idade.

Procure viver dentro da realidade, assumindo a idade que possui. Em cada época da vida, existem os encantos e as ilusões, e você deve desfrutar sensatamente das fases de sua existência, para que mais tarde não sinta o gosto do arrependimento pelo tempo perdido. Viva intensamente!

Da mesma forma, encare com naturalidade a passagem dos anos, como conseqüência natural da vida, e aceite as limitações que o tempo lhe impõe como forma de amadurecimento e crescimento. Evite tornar-se ridículo perante os outros, agindo de forma incompatível com a sua idade e experiência.

Com o passar dos anos, você sentirá a felicidade cada vez mais próxima de você.

Idealismo

O idealista é aquele que, mesmo consciente da morte das horas, confia na vida de um simples minuto.

Lute corajosamente para defender e atingir os seus propósitos de vida, movido pelo poder do idealismo que habita seu coração. Se dentro de você existem objetivos nobres que insistem em desabrochar, cultive este sentimento com determinação para que a vitória seja conquistada.

Entretanto, verifique se o seu ideal não é fantasioso ou fora da realidade. Viva com os pés no chão, para não sofrer decepções.

Se houver força de vontade e desejo de realização, não haverá força capaz de deter os impulsos de seu idealismo construtivo e humano.

Idéia

Ponha em prática as idéias que lhe surgem.

De nada adianta você ter idéias brilhantes e inusitadas se não as coloca em prática, por medo do fracasso. A vida não é feita somente de vitórias; portanto, esteja precavido para sofrer quaisquer decepções que porventura possam surgir.

O importante é você não se deixar levar pelo sentimento de frustração por um ideal não-atingido.

Mentalize positivamente o sucesso de seus empreendimentos e utilize-se da inteligência e das boas idéias para criar alternativas que lhe darão perspectivas de vida mais satisfatórias. Se for prudente e realista, suas idéias serão bem aproveitadas.

Se souber canalizar devidamente os pensamentos e as idéias, você conquistará tudo aquilo que deseja.

Ideologia

Firme-se em sua ideologia.

Se dentro de você habita um ideal justo, humano e fraterno, conserve-o assim e não esmoreça, sejam quais forem os obstáculos que surgirem. Firme-se em seu propósito e defenda suas idéias com segurança, para atingir os objetivos com mais facilidade.

A ideologia é uma semente que deve ser regada continuamente para germinar e florescer. Entretanto, analise sensatamente se a sua filosofia de vida possui mesmo uma razão de ser ou não passa apenas de ilusão ou mera satisfação pessoal. Para evitar sentimentos frustrantes, você precisa estar vivendo dentro da realidade da vida, consciente de seus atos e de suas vontades.

Agindo assim, você será capaz de conquistar o seu sonho.

Idolatria

Evite sentimentos de idolatria.

Conscientize-se definitivamente da supremacia do espírito sobre a matéria, para que você possa dar o devido valor às coisas. Não se prenda a crendices e superstições tolas que são o culto de pessoas despreparadas e ignorantes.

O mundo evolui a passos gigantescos, e você também precisa acompanhar o desenvolvimento para não ficar parado no tempo. Atualize-se!

A idolatria não faz nenhum sentido, e você pode encontrar Deus nas orações e em seus pensamentos. Ouça a voz do Senhor, que quer lhe mostrar o melhor caminho a seguir.

Se abolir a idolatria de sua vida, você resgatará a fé e a esperança no Criador.

Idoneidade

Preserve a sua idoneidade.

Não há dinheiro no mundo que pague a idoneidade do ser humano, seja ela financeira ou moral. Procure zelar pelo seu bom nome, cumprindo dignamente seu papel de ser humano responsável.

Se as pessoas um dia perderem a confiança em você, você estará desta forma traçando para si uma vida marginalizada. São necessários muitos anos para se construir um bom nome, mas pode-se perdê-lo num instante se porventura se é desonesto ou irresponsável.

Se você for trabalhador, consciente, digno e responsável, estará semeando uma vida honrada e idônea para si e para os que dependem de você.

Ignorância

Aprenda tudo que puder.

Não há quem não admire as pessoas inteligentes e informadas. Por isso deixe de lado as futilidades para poder mudar os rumos de sua vida. Não perca tempo com mesquinharias e conversas inúteis, que nada lhe acrescentarão. Trabalhe, leia e procure conhecer tudo que estiver ao seu alcance para enriquecer a sua cultura e aumentar o grau de compreensão das coisas. A ignorância traz as trevas, e o saber, a luz do entendimento e da consciência.

Aproveite o tempo de que dispõe para ler bons livros e inteirar-se da atualidade, para poder discutir assuntos relevantes com as pessoas.

Banindo a ignorância de sua vida, você se sentirá mais seguro e apto para conquistar as vitórias que almeja.

Igualdade

Todos somos iguais.

Conscientize-se definitivamente de que Deus, nosso Pai, nos criou em igualdade de condições e de direitos e, por isso, privilegiou indistintamente a todos os seus filhos. Portanto, não se julgue superior ou inferior a quem quer que seja, pois a sua capacidade é igual à de qualquer um.

Se não houvesse a igualdade, não haveria a justiça divina, e você deve cumprir dignamente os seus deveres para então exigir os seus direitos. Da mesma forma, procure tratar a todos com igualdade de sentimentos para que a razão esteja permanentemente com você.

A igualdade é um direito universal inviolável, e você deve respeitá-lo para viver em paz.

Ilusão

Transforme os sonhos em realidade, mas não viva de ilusões.

É evidente que todo ser humano traz no íntimo sentimentos

secretos e particulares. Não há quem não tenha um propósito ou um grande sonho a realizar.

É justamente o objetivo que move a vida, e você precisa manter acesa a chama da esperança para continuar vivo e atuante.

Entretanto, analise se o seu propósito não passa de ilusão. Para que não seja dominado por sentimentos frustrantes, você não deve embasar sua vida em mentiras e fantasias. Viva de acordo com a realidade para poder gozar de equilíbrio e sensatez.

Não viva de ilusões para não sofrer mais tarde.

Imaginação

Dê asas à imaginação.

A mente humana tudo pode, de acordo com a vontade de Deus. Tudo que existe hoje no mundo foi outrora imaginado por alguém, que colocou em prática o pensamento, materializando a própria criatividade.

Portanto, cuidado com o que imagina e pensa. O pensamento é uma forma poderosíssima de energia, e você deve controlá-lo para canalizá-lo positivamente em benefício próprio e da humanidade. Se deseja ser um vencedor, utilize-se da imaginação para coordenar os pensamentos positivos, que se transmutarão em glória e sucesso.

Acreditando em Deus e no poder da imaginação, você terá todas as armas de que necessita para conquistar a sua vitória.

Imitação

Imite os bons exemplos.

As pessoas dignas, respeitadas e honestas criam em torno de si um carisma natural, capaz de atrair a atenção e a admiração de todos. É justamente nestas pessoas que você deve se espelhar para também conquistar um bom nome. Saiba reconhecer os valores alheios para poder imitar saudavelmente as suas ações.

Entretanto, você não deve perder absolutamente a sua personalidade, pois assim estará violando o princípio básico da individualidade humana.

Filtre para si o lado positivo dos que o cercam para desenvolver a sua vida, mas seja autêntico e original em suas atitudes para que não o classifiquem de despreparado e sem personalidade.

Imortalidade

O espírito humano é imortal.

Creia na imortalidade da alma, na grandeza do espírito humano e na justiça divina, que tudo vê e tudo sabe. A vida terrena é uma fase transitória em que o espírito assume o compromisso de evoluir em busca da perfeição.

A morte do corpo físico é a única certeza da vida. Por isso, faça de sua existência um caminho de paz, alegria e fraternidade.

Consciente então do dever cumprido e amparado pela fé e esperança da imortalidade do espírito, você estará devidamente preparado para partir para a vida eterna.

Imparcialidade

Seja imparcial em suas avaliações.

Para ser honesto em suas decisões e avaliações, é necessário ser imparcial. Saiba reconhecer os erros e os acertos alheios, sem utilizar-se de favoritismos ou preferências pessoais. Haja o que houver, é necessário que você coloque a razão à frente de seus sentimentos para não cometer injustiças.

Você pode e deve defender os argumentos daqueles que lhe são caros, mas consulte a sua consciência para não assumir cumplicidades. Da mesma forma, reconheça os valores dos outros, mesmo que não lhe sejam simpáticos.

Agindo assim, você demonstrará ter caráter e senso de justiça.

Implicância

Valorize a todos pelo que realmente são e representam.

Evite nutrir sentimentos vulgares e mesquinhos em relação às pessoas. Seja consciente e saiba valorizar devidamente os semelhantes, sem embasar-se em favoritismos ou preferências pessoais.

Não seja implicante, para que não o classifiquem de invejoso e despreparado. Você pode e deve escolher distintamente os amigos que lhe são caros, mas jamais fomente a antipatia pelos outros, baseando-se em aparências ou meras suposições.

Antes de criticar o próximo, procure realmente conhecê-lo a fundo para poder fazer suas avaliações.

Agindo assim, você estará em paz com a própria consciência.

Importância

Dê importância ao que julgar importante e também ao insignificante.

Da mesma forma que você deve dispensar atenção a coisas importantes da vida, procure também perceber nos pequenos detalhes a solução dos grandes problemas.

Às vezes o que se julga insignificante é na realidade de vital importância para resolver os impasses que surgem. Entretanto, use a sua inteligência para perceber o que pode e deve ser importante.

Não se prenda a futilidades ou banalidades, que nada lhe acrescentarão. Saiba perceber o que de fato lhe interessa e não perca tempo preocupando-se com assuntos irrelevantes.

Agindo assim, você saberá resolver os problemas com mais segurança.

Importunar

Não importune os semelhantes.

Procure ser discreto, para que não o classifiquem de maçante. Sua presença deve despertar prazer nas outras pessoas: por isso, não seja inconveniente e tenha senso de ridículo.

Evite importunar os outros com assuntos que não lhes interessam. Perceba quando sua conversa já se tornou enfadonha e respeite a boa vontade alheia. A tolerância tem limites, e, para conquistar amigos, você deve principalmente reconhecer o seu lugar, valendo-se da discrição e do bom senso.

Você pode e deve cultivar suas amizades, mas respeite o direito alheio para poder manter os relacionamentos saudáveis.

Agindo assim, sua chegada será acolhida com prazer e alegria.

Impossibilidade

A impossibilidade é a possibilidade que ainda não foi alcançada.

Tudo é possível, conforme a vontade de Deus. Creia no poder do pensamento como fonte de energia, capaz de concretizar os seus sonhos. Acredite que conseguirá atingir os seus objetivos, movido pela fé, coragem e esperança.

Entretanto, saiba distinguir a realidade da fantasia. Não viva de ilusões, imaginando coisas que estão fora de seu alcance. Você pode e deve lutar para crescer e prosperar, mas coloque os pés no chão para que seus propósitos de vida tenham estrutura para serem realizados.

Vivendo conscientemente o presente e semeando o futuro com sabedoria, você colherá os frutos de seu trabalho produtivo.

Imprevisto

Nada acontece por acaso.

Conscientize-se de que a vida costuma tomar rumos que a

princípio são incompreensíveis. Somente mais tarde é que a luz da verdade esclarece a razão das mudanças. Portanto, aceite normalmente os imprevistos que a vida lhe impõe.

Procure não se aborrecer se porventura os planos que você traçou foram desviados. Tudo tem uma razão de ser, e, futuramente, você constatará que os caminhos que tomou foram aqueles que mais o beneficiaram.

Cultivando sabiamente o pensamento positivo e tendo fé em Deus, o imprevisto que lhe surgir será a luz que o guiará para a própria felicidade.

Improviso

Utilize-se do improviso para adquirir mais experiência.

Observe que os atos ou palavras proferidas de improviso denotam muito mais franqueza e espontaneidade. Portanto, evite falsificar suas emoções e sentimentos, planejando mecanicamente como deve se comportar.

Procure ser natural para que as pessoas confiem em você e não o classifiquem de fingido. Agindo com consciência e respeitando o sentimento alheio, você será capaz de agradar a quem quer que seja, sem haver necessidade de adulterar os próprios sentimentos.

É do improviso que aflora a verdade mais profunda, e você deve defendê-la para receber a admiração e o respeito dos outros.

Incentivo

Incentive a si mesmo e aos outros.

O incentivo é a grande arma dos que conseguem vencer. É como regar uma semente em terra fértil: ela haverá de germinar e gerar belos frutos. Você deve incentivar a si mesmo através da força de vontade de vencer. Cada vitória alcançada é mais um motivo para continuar lutando em busca do sucesso e da felicidade.

Da mesma forma, procure incentivar os semelhantes com palavras de fé e coragem. A solidariedade humana não tem preço, e você deve cultivá-la para viver em paz com a própria consciência.

Acredite no seu trabalho e no dos outros para ser um vencedor.

Incompatibilidade

Aceite as pessoas como são.

É humanamente impossível alguém ser totalmente compatível com qualquer pessoa. Deus é tão perfeito que foi capaz de criar cada um de nós com individualismo próprio.

Não existem duas criaturas perfeitamente idênticas em todo o universo, e é evidente que cada uma tem o seu ponto de vista e a sua maneira de ser. Portanto, não se julgue o dono da verdade absoluta nem recrimine o comportamento alheio somente porque são incompatíveis com a sua maneira de agir e pensar. Respeite o próximo.

Se viver a sua vida sem condenar a do semelhante, suas incompatibilidades serão mais fáceis de ser resolvidas.

Inconstância

Decida-se sobre o que realmente deseja em sua vida.

Pare, pense e analise criteriosamente os seus propósitos de vida e verifique o que na verdade lhe importa e lhe interessa.

Procure ser firme em suas decisões e atitudes e evite a inconstância, que gera insegurança e insatisfação.

É evidente que você pode e deve mudar os rumos de sua existência se perceber que tomou o caminho errado. Porém, antes de decidir qualquer coisa, procure ter certeza do que deseja e busca.

Se for seguro e firme em seus propósitos, você estará a um passo de conquistar a felicidade.

Inconveniência

Seja discreto com o próximo.

O ser humano é livre para agir conforme lhe determina a consciência. Entretanto, saiba ser discreto para que não o classifiquem de maçante. Não seja inconveniente e tenha senso de ridículo. Perceba quando suas atitudes se tornaram tão insuportáveis que as pessoas se afastam e o evitam.

A tolerância alheia tem limite, e você deve respeitar a privacidade dos outros como gostaria que respeitassem a sua. Se não reprimir a sua inconveniência, você estará traçando para si uma vida insensata e solitária.

Para conquistar amigos, são imprescindíveis a discrição e as boas maneiras.

Agindo assim, você terá a confiança de seu próximo.

Indiferença

Não seja indiferente à dor alheia.

É evidente que você não poderá resolver os problemas do mundo inteiro, mas procure compartilhar da infelicidade dos mais próximos. Colabore!

Não viva somente para si, pois assim estará traçando uma vida solitária e infeliz. Ajude a todos da maneira como puder, sem no entanto prejudicar a sua própria vida. A indiferença é um sentimento desgastante, que poderá desviá-lo da verdadeira essência que habita o ser humano.

Não permita que o egoísmo o domine. Faça de sua estrada um caminho de paz e harmonia.

Assim procedendo, em seu coração brotará o sentimento de fraternidade e de amor ao próximo.

Individualidade

Não viva somente para si.

É evidente que todo ser humano deseja preservar sua privacidade e usufruir do espaço que cabe de direito para pensar, meditar e analisar-se.

Ninguém consegue viver sozinho, mas é indispensável que haja o respeito pela individualidade alheia. Aquele que busca satisfazer apenas aos seus gostos e desejos, ignorando o próximo, estará fomentando o sentimento de individualismo, que poderá gerar o egoísmo e a excentricidade.

Conviva saudavelmente com todos para poder gozar de sensatez e equilíbrio.

Não seja individualista, para mais tarde não sentir o gosto da solidão e do esquecimento.

Infantilidade

Desenvolva a sua personalidade.

Se deseja realmente crescer e se desenvolver, é necessário assumir definitivamente o papel de cidadão responsável e cumpridor de seus deveres. Deixe de lado as futilidades, que só servirão para deixá-lo inseguro e inexperiente.

Para ser um vencedor, é indispensável que você abandone definitivamente as infantilidades e se comporte como uma pessoa madura, consciente, merecedora de crédito e consideração por parte de todos que o cercam.

Vamos, não perca tempo. Inicie hoje mesmo o seu trabalho de construir o amanhã. Siga em frente, confiante em sua vitória.

Uma nova vida cheia de felicidade o espera.

Inferioridade

Vença o sentimento de inferioridade.

Conscientize-se definitivamente de que todos somos iguais, portanto não existe ninguém melhor do que ninguém. Não se julgue inferior aos outros se dentro de você existem amor, inteligência e força de vontade, capazes de elevá-lo aos mais altos patamares do sucesso.

Não inveje aqueles que venceram. Em vez disso, lute você também para conquistar o seu espaço. Acreditando no sucesso de seus empreendimentos, você adquirirá autoconfiança e segurança, capazes de banir o sentimento de inferioridade e de torná-lo um vencedor.

Influência

Utilize-se das boas influências em seu próprio benefício.

Procure discernir o que é benéfico ou não e, a partir daí, filtre tudo que puder para o seu bem-estar. As boas influências devem ser devidamente aproveitadas para você adquirir experiência e vivência.

Da mesma forma, evite definitivamente as influências negativas, que poderão desviá-lo do bom caminho, tornando-o assim uma pessoa infeliz e despreparada.

Aliado a tudo isso, procure desenvolver sua própria personalidade, sem se deixar levar por opiniões ou sugestões alheias. Você pode e deve seguir os bons conselhos, mas consulte primeiramente a própria consciência.

Você, somente você, é senhor do seu destino.

Informação

Não adultere as informações que receber.

Conscientize-se da seriedade e do compromisso que uma determinada informação traz em si. Procure transmitir fielmente as informações que recebe para que não sejam deturpadas.

À medida que os fatos são transmitidos de pessoa a pessoa, eles naturalmente sofrem modificações, e você, criatura consciênciosa, deve precaver-se para não se deixar levar por sentimentos vulgares e mesquinhos.

Respeite a vida alheia para que possam respeitar a sua.

Se for discreto e responsável com as informações que recebe, você será uma pessoa admirada e digna de confiança.

Infortúnio

Siga em frente, confiante em dias melhores.

Veja quanto dissabor, desventura e tristeza abatem o mundo de hoje. Portanto, não exagere ou encare os problemas com pessimismo. Acredite, os seus infortúnios são desprezíveis perante os dos outros.

Todos nós passamos por fases ruins, que nos transmitem sentimentos de insegurança e medo. O importante é você ser forte e corajoso o suficiente para resolver as situações embaraçosas que surgem.

A partir do instante em que você se conscientizar de que pode solucionar os impasses, os infortúnios que surgirem serão aceitos com maior facilidade.

Ingenuidade

Utilize-se sabiamente das experiências para desenvolver a sua personalidade.

Ninguém nasce sabendo. A vida em si é uma sucessão de fatos e ocorrências que geram experiências nas pessoas. O importante é que você adquira autoconfiança para resolver os problemas com maturidade e segurança.

A ingenuidade é própria de pessoas despreparadas, e você deve valer-se de sua inteligência e bom senso para saber discernir o que lhe convém ou não. Da mesma forma, não se aproveite da ingenuidade alheia para tirar vantagens. Respeite a inexperiência do próximo para viver com a consciência tranqüila.

Agindo assim, você adquirirá vivência para fortalecer a sua personalidade.

Inibição

Vença o sentimento de inibição.

Conscientize-se de que todos somos iguais; portanto não há razões para sentir-se inibido perante os outros ou quaisquer situações. Acredite em si mesmo como ser humano comum, que tem inteligência, força de vontade e coragem para vencer os obstáculos.

Não se julgue inferior somente porque alguém tem maior posição social. Não se prenda a valores materialistas convencionais. Sinta quanta coisa positiva existe dentro de você, e, acredite, há muitos que gostariam de estar em seu lugar, gozando de boa saúde e bem-estar.

A timidez atrasa o desenvolvimento, e você deve bani-la de si mesmo para poder atingir o sucesso.

Quando você se assumir a si mesmo, a inibição desaparecerá definitivamente de sua vida.

Injúria

Não fale mal da vida alheia.

Falar mal do próximo é a arma dos incompetentes, desocupados e fracos de espírito. Não permita que o classifiquem de fofoqueiro: isto deprecia a sua imagem.

Por pior que seja uma pessoa, sempre existe o seu lado bom, e é justamente este que você deve observar e comentar. Cada injúria que você lança é mais um motivo para que os semelhantes não confiem em você.

Se agir assim, você estará traçando para si uma vida fútil, vulgar e solitária.

Seja discreto e evite comentar sobre os outros para que você seja admirado e respeitado.

Insignificância

Conscientize-se da insignificância do ser humano.

Procure perceber a realidade da transitoriedade da vida e

não se apegue excessivamente à matéria para não sofrer. É fundamental que você fomente o sentimento de igualdade em relação aos outros para que o egocentrismo não se manifeste.

Da mesma forma, sinta-se como filho de Deus que busca o aprimoramento e a perfeição. Busque o equilíbrio emocional, conscientizando-se de seu papel de ser humano vulnerável em sua insignificância e aprendiz da sua própria importância.

Colocando-se em plano de igualdade com todos e tendo uma visão lógica e inteligente da vida, você gozará de sensatez e equilíbrio.

Inspiração

Aproveite a inspiração para desenvolver o seu talento.

Conscientize-se definitivamente de que todo ser humano possui talentos maravilhosos e particulares, que devem ser devidamente canalizados para o bem-estar próprio e coletivo.

Portanto, não perca as boas oportunidades e os bons momentos de inspiração para crescer e desenvolver o seu trabalho. Se perder as chances que lhe surgirem, mais tarde você sentirá arrependimento e frustração.

A inspiração é a voz de Deus que fala aos seus filhos, e você precisa ouvir o seu interior, que o aconselha e o orienta a seguir o melhor caminho.

Agindo assim, sua vida se transformará numa alegria sem fim.

Instinto

O instinto é da natureza do homem.

Nem mesmo a inteligência é capaz de compreender o instinto maravilhoso com que são dotadas as criaturas da Terra. Procure ouvir a voz interior que o aconselha e o orienta a seguir o melhor caminho.

Às vezes, nem mesmo a razão é capaz de discernir o lógico

do abstrato, e você deve seguir o que a intuição lhe determina, alicerçando-se obviamente nas experiências adquiridas ao longo da vida.

Se agir com lógica, ponderação e inteligência e, ao mesmo tempo, não desprezar o instinto natural, você sem dúvida conquistará tudo aquilo que deseja.

Instrução

Leia e aprenda tudo que puder.

O homem é o que ele pensa; portanto, pratique o hábito sadio da leitura de bons livros para desenvolver sua mente. Quem tem instrução tem muito mais possibilidade de crescer e prosperar.

A cultura é uma riqueza sem preço, e você deve procurar fomentá-la para sentir-se mais seguro e confiante.

Se demonstrar instrução, as pessoas sentirão prazer em conversar com você. Entretanto, evite engrandecer-se perante os outros, comentando sobre suas qualidades e conhecimentos. Respeite seu irmão menos informado.

Agindo com humildade e consciência, as pessoas se espelharão em você para também conquistarem o próprio espaço.

Insulto

Respeite o próximo.

Evite nutrir sentimentos negativos e, principalmente, acautele-se com as palavras que profere. A palavra, uma vez dita, torna-se sua soberana, e você deve precaver-se para não insultar a honra e a moral dos outros.

O insulto é a arma grotesca dos despreparados e dos fracos. Você pode e deve valer-se de seus direitos para defender-se da agressão alheia, mas saiba utilizar os recursos de que dispõe com sabedoria, maturidade e segurança.

Há maneiras muito mais eficazes e dignas de você responder a um insulto qualquer, sem haver necessidade de rebaixar-se ou demonstrar fraqueza e incapacidade de compreensão.

Integridade

Preserve a sua integridade.

A integridade de um homem é uma obra que não tem fim. Por isso, continue firme em seu propósito de construir um bom nome, alicerçado pelo comportamento que desempenha. Em um simples minuto de fraqueza você poderá destruir tudo aquilo que construiu ao longo dos anos. Mantenha portanto os bons princípios para que todos continuem confiando em você.

Para gozar de prestígio na sociedade, é necessário que você demonstre a todo instante a sua integridade de cidadão honesto e trabalhador.

Agindo assim, as pessoas o respeitarão e confiarão em você.

Inteligência

Utilize-se sabiamente de sua inteligência para conquistar o que deseja.

Por que supor que os outros são mais inteligentes do que você? Conscientize-se definitivamente de que todos possuem qualidades potenciais. O que você realmente precisa é acreditar primeiramente em si mesmo, para adquirir autoconfiança.

A partir do instante em que se utilizar dos dons que Deus lhe deu, você sentirá segurança para desenvolver seus talentos.

Acredite, você pode.

Se canalizar devidamente os esforços, tiver boa vontade e coragem, não haverá barreira capaz de detê-lo.

A inteligência de que você dispõe é a arma mais poderosa para que você consiga realizar os seus sonhos.

Intenção

Observe as intenções alheias.

Utilize-se da experiência e da vivência de que você dispõe para analisar as verdadeiras intenções das outras pessoas. Não permita que se utilizem de você para finalidades fúteis ou duvidosas, e não o classifiquem de tolo e despreparado. Acautele-se!

Da mesma forma, consulte sua própria consciência antes de adotar comportamentos ou atitudes que visem apenas ao bem-estar pessoal. Não seja mesquinho, e procure demonstrar claramente suas intenções para que possam confiar em você.

Respeite o próximo para viver em paz e com a consciência tranqüila.

Interesse

Interesse-se pelas coisas que possui.

Tenha interesse em preservar os seus bens, procurando valorizar devidamente tudo aquilo que conseguiu com esforço e sacrifício, ao longo da vida.

Da mesma forma, não seja apático aos fatos e acontecimentos que surgem. Procure se interessar pelo que acontece à sua volta, lendo bons livros, inteirando-se das notícias, participando ativamente do mundo moderno.

Não seja retrógrado, e procure situar-se dentro da realidade, adequando-se sensatamente às modificações que surgem, com a mente preparada para aceitar as novas gerações e conceitos.

Se for curioso e demonstrar interesse em tudo que fizer, você será uma pessoa atualizada e dinâmica.

Interferência

Não interfira na vida alheia.

Permita que as pessoas sejam como são. Não pressione o

semelhante para que você não seja tachado de inoportuno e inconveniente.

Você pode e deve aconselhar àqueles que lhe são caros, mas não imponha comportamentos ou atitudes, pois assim estará violando a individualidade do próximo.

Procure ser discreto, e não interfira nas decisões e opções dos outros, para que você possa também exigir que não interfiram na sua própria liberdade. Respeite o próximo.

Vivendo a sua vida sem interferir na dos outros, você será uma pessoa benquista e conquistará grandes amigos.

Intimidade

Preserve a sua intimidade.

Procure ser aberto e receptivo a todos, mas acautele-se antes de depositar plena confiança em outras pessoas. Nem todos merecem conhecer o seu íntimo, que carece de respeito e espera o apoio e a compreensão alheios.

A intimidade é o tesouro mais precioso do ser humano, e você deve preservá-la com discrição para evitar que pessoas maliciosas se utilizem de subterfúgios para prejudicar a sua imagem.

Entretanto, não se isole do mundo. Conviva saudavelmente na sociedade para conquistar amigos e manter o seu equilíbrio.

Agindo assim, você será capaz de selecionar devidamente as pessoas de sua confiança.

Íntimo

Preserve o seu interior.

Cuidado antes de depositar plena confiança nas outras pessoas. Nem todos merecem ouvir o seu íntimo, que carece de respeito e espera encontrar apoio no íntimo do próximo. Se quiser desabafar, saiba distinguir aqueles que são discretos e que respeitam a vida alheia.

Da mesma forma, tenha consideração para com os semelhantes e respeite os amigos que lhe depositaram confiança. O íntimo do ser humano é um tesouro inviolável, e você deve preservar-se para evitar transtornos e aborrecimentos.

Cultivando sabiamente o seu interior e respeitando a vida alheia, você será admirado e conquistará amizades sinceras.

Intriga

Viva a sua vida sem se preocupar com a dos outros.

A intriga é a arma dos incompetentes, dos fracos e pobres de espírito. Ela é fomentada por conversas longas de pessoas de mentes curtas.

Respeite o próximo, não seja fútil, e procure dispensar o tempo de que dispõe ao trabalho para crescer e se desenvolver. Enquanto perde tempo falando da vida alheia, você estará perdendo grandes oportunidades de prosperar.

Pergunte a si mesmo o que você ganhará com isto. As pessoas estão lutando por dias melhores, enquanto você se afunda no abismo da incompreensão e da insensatez.

Enquanto você parou para intrigar, deixou de caminhar.

Introspecção

Utilize-se da introspecção para desenvolver-se.

É na introspecção que o homem, buscando aprimoramento e perfeição, descobre toda a sua imperfeição. Ouça silenciosamente a voz calma que vem de dentro de si mesmo como a maior de todas as conselheiras.

Aprenda a olhar para dentro de si a fim de poder encontrar sua própria verdade. A felicidade muitas vezes consiste no estado de espírito de aceitação da própria realidade.

Portanto, reserve pelo menos um minuto de seu dia para meditar em silêncio.

É no silêncio que se ouve a voz da verdade, e você precisa

aprender a conviver consigo mesmo para poder conviver com os outros.

Intuição

Aprenda a seguir sua intuição.

Dentro de você existe uma força capaz de nortear todo o rumo de sua existência.

Quando tiver algum problema que lhe roube a paz e cuja solução ainda não foi encontrada, tenha calma.

Feche os olhos, faça uma oração e peça a proteção de Deus. Coloque o problema em sua mente e pergunte qual é a solução. A primeira resposta que lhe surgir à mente você deve receber como a mais próxima da verdade.

Da mesma forma, aprenda a seguir a voz interior que o alerta e o protege.

A intuição é a voz de Deus que fala aos Seus filhos. Ela é a certeza da bondade divina que tenta nos ensinar o caminho certo a trilhar.

(Do livro *Momentos a Sós*, do autor.)

Inveja

Não inveje o próximo.

Não permita que o sentimento negativo da inveja o domine, tirando-lhe a razão e o senso. Em vez de invejar o próximo, lute você também para crescer, desenvolver-se e conquistar seu espaço.

Lembre-se, se o seu irmão é mais afortunado, ele não começou assim. Houve luta, trabalho e dedicação, e você deve espelhar-se nas pessoas vitoriosas para também conquistar o sucesso.

A inveja corrói o espírito e enfraquece os sentimentos mais nobres do ser humano.

Há lugar para todos no patamar da felicidade, e você deve saber dividi-la com todos para ser realmente feliz.

Invenção

Não distorça a realidade.

Procure repassar as informações que recebe na íntegra, sem exagerar ou distorcer a realidade, para que não o classifiquem de mexeriqueiro. Se agir assim, as pessoas se aborrecerão e se afastarão de você.

Respeite o próximo, e não simule ou invente situações absurdas no intuito de prejudicar aqueles que lhe depositam confiança. Não seja inconveniente, e tenha senso de responsabilidade para não passar por ridículo.

Se mentir, mais cedo ou mais tarde todos ficarão sabendo, e você estará assim criando inimizades.

Se agir com discrição e respeitar a vida alheia, você conquistará a confiança de todos.

Ira

Controle sua ira.

Não permita que o sentimento negativo da ira o domine, roubando-lhe a razão. A ira é um sentimento que pode provocar situações embaraçosas e constrangedoras. Por isso, acautele-se para não cometer atos que o deixarão arrependido pelo resto da vida.

O ser humano, às vezes, tem impulsos incontroláveis, e você precisa saber coordenar suas emoções para que elas não o dominem e lhe tirem o senso e o discernimento. Controle-se!

Da mesma forma, precavenha-se com a ira alheia. Procure utilizar o diálogo em primeiro lugar, para contornar as situações.

Agindo assim, você demonstrará ter personalidade e equilíbrio.

Ironia

Não ironize o próximo.
Evite utilizar-se de subterfúgios mesquinhos no intuito de ferir ou magoar os semelhantes. A ironia é uma atitude baixa e vulgar, que compete apenas às pessoas despreparadas e desequilibradas.
Em vez disso, defenda os seus direitos, mostrando a todos seu ponto de vista, alicerçando-se na verdade e na franqueza. Se usar de fingimento e de hipocrisia, você estará demonstrando fraqueza e falta de inteligência.
Procure ser você mesmo, sem falsificar emoções, para poder ser respeitado.
Agindo em conformidade com a consciência, as pessoas o admirarão e o reconhecerão como ser humano digno e autêntico.

Irritação

Controle sua irritação.
Há dias em que se supõe passar pelos piores problemas do mundo. E eles realmente o serão se você não souber contornar as situações com maturidade e senso prático.
Controle a irritação que porventura surja a fim de dominar as emoções com segurança e sensatez. Acalme-se!
Antes de tomar qualquer atitude, procure refletir para que não surjam conseqüências desagradáveis e desgastantes.
Por pior que seja o cotidiano, acredite em dias melhores. Há solução para tudo na vida, desde que você não perca a razão e o discernimento.
Se souber como controlar a irritação, você será dono de uma estrutura inabalável e portador de uma personalidade forte e marcante.

J

Jeito

Seja autêntico em suas atitudes.

Cada ser humano traz em si maneiras e modos singulares. Portanto, siga o que a consciência lhe determina, adotando seu jeito natural de ser e viver.

Usando de autenticidade, você será capaz de impor-se como pessoa, sem haver necessidade de falsificar emoções ou imitar quem quer que seja. Cada pessoa tem sua particularidade que precisa ser respeitada, e se você agir com consciência, respeitando também a individualidade alheia, não haverá quem possa lhe recriminar o comportamento.

Agindo com maturidade, sensatez e provando a sua responsabilidade, você demonstrará ter força e personalidade.

Juízo

Tenha responsabilidade com a sua vida e com a dos outros.

De hoje em diante, abandone definitivamente as futilidades, que só servem para deixá-lo inseguro e insatisfeito. Procure ter senso de responsabilidade, demonstrando juízo no seu trabalho e no cotidiano. Renove-se!

Para que possam considerá-lo uma pessoa digna e confiável, você precisa demonstrar a todo instante que está definitivamente preparado para enfrentar, com maturidade e experiência, as situações embaraçosas que surgem.

Portanto, utilize-se do bom senso para crescer e fazer desenvolver a personalidade, conseguindo conquistar tudo que lhe é de direito.

Agindo assim, as pessoas o admirarão e confiarão em você.

Julgamento

Não condene para não ser condenado.

Saiba reconhecer os erros dos outros sem no entanto condená-los. Evite censurar o comportamento alheio apenas porque não coaduna com o seu meio de vida e com a sua verdade.

Ninguém é perfeito, e não lhe cabe fazer julgamentos sobre o próximo. Se agir assim, as pessoas se aborrecerão e o classificarão de intolerante. Já parou para pensar o quanto você também errou ao longo de sua existência?

Portanto, não julgue os semelhantes sem que haja evidências precisas e efetivas.

Somente assim, você poderá fazer suas devidas avaliações, sem no entanto condenar ou julgar.

Juramento

Não faça juramentos em vão.

Seja consciente do que pensa e, principalmente, do que diz. Não diga nada que mais tarde não possa cumprir. Portanto, não levante em vão promessas que você, no íntimo, sabe que não poderá pagar.

Saiba honrar os compromissos assumidos com honestidade e dignidade, para que não o classifiquem de fraco e mentiroso. Se agir com displicência em relação a seus juramentos, as pessoas inevitavelmente perderão a confiança em você. É preferível assumir a incapacidade para resolver as situações do que falsear uma pretensa capacidade para solucioná-las.

Agindo assim, você demonstrará firmeza de caráter.

Justiça

A justiça é cega porque os homens não foram ainda iluminados.

Procure ter senso de justiça, sabendo valorizar devidamente as coisas que têm valor. Você pode ter as suas preferências pessoais, mas não permita que elas interfiram na sua consciência, distorcendo-lhe a razão e o discernimento.

Saiba reconhecer os erros e os acertos alheios, sejam pessoas do seu agrado ou não. O mais importante é que você saiba que a justiça dos homens é sujeita a erros e imperfeições.

Entretanto, a justiça divina é a soberana de todos os julgamentos. É ela que realmente avalia, pune ou absolve os atos humanos.

Agindo em conformidade com a sua consciência, você demonstrará equilíbrio.

Justificativa

Não tente justificar os próprios erros.

Todo ser humano é sujeito a falhas e imperfeições, e não existe aquele que nunca errou durante a vida. Entretanto, seja forte o suficiente para assumir os erros cometidos, sem haver necessidade de arranjar justificativas para diminuir suas responsabilidades.

É preferível que você reconheça que errou do que transferir para terceiros os assuntos de sua competência. Da mesma forma, analise criteriosamente se as justificativas alheias têm procedência. Perdoar é uma atitude sadia, mas a tolerância tem limite, e você deve ser sensato para que se faça justiça.

Agindo assim, você demonstrará equilíbrio e sensatez.

Juventude

Sinta a juventude em tudo que vê.

Sinta a vida pulsando dentro de si, para poder continuar

jovem até os últimos dias de sua existência. A velhice está na mente, e você pode desfrutar plenamente dos prazeres que o mundo oferece com alegria e entusiasmo, desde que não se entregue à decepção e à derrota.

A juventude é a própria vida, e você deve procurar manter o corpo, a mente e o espírito em constante atividade para se sentir revigorado e disposto.

Vamos, ainda há chance para recuperar o tempo perdido.

A partir do instante em que a alegria fizer parte de sua vida, sua juventude será eterna.

L

Lamentação

Pare de lamentar a sorte, reclamando constantemente de sua situação econômica, financeira e social. Não é justo descarregar no ombro alheio suas mágoas e frustrações. Todos buscam a alegria, a paz e a felicidade, e você não deve aborrecer as pessoas com seus problemas, a não ser que necessite de ajuda ou de conselhos.

Não perca tempo lamentando o que passou. Siga em frente, confiante em dias melhores, e lute corajosamente para conseguir atingir seus objetivos.

Se muitos venceram, por que você também não pode ser um vencedor?

Acredite em si mesmo para poder mudar os rumos de sua vida.

Lealdade

Mantenha a lealdade de sentimentos.

Não seja hipócrita, falsificando suas emoções e sentimentos. Se mentir, mais cedo ou mais tarde todos saberão.

Para manter amigos, é preciso adotar a franqueza e a honestidade de sentimentos. Portanto, respeite o próximo e seja leal para que possam admirá-lo e considerá-lo. Da mesma forma, verifique a lealdade alheia para não ser enganado.

Você pode e deve dar crédito de confiança a quem quer que seja, desde que constate a sinceridade dos que o cercam. O fingimento é um sentimento negativo desgastante, que você deve evitar definitivamente.

Usando a franqueza e a espontaneidade, as pessoas se orgulharão em tê-lo como amigo.

Lembrança

Lembre-se das fases positivas de sua vida.

Procure manter vivas em sua consciência as recordações dos bons momentos que viveu. As más recordações, você deve eliminá-las de sua mente para que não o façam sofrer novamente.

Esqueça o que passou e siga em frente, confiante em dias melhores. Conviva saudavelmente com o passado sem no entanto prejudicar o presente.

O importante é que as lembranças sirvam para manter acesas as chamas da experiência, que o orienta e o aconselha.

Você pode e deve manter as lembranças do passado, mas não se prenda a elas para que sua vida possa seguir em frente, em busca de outros momentos felizes.

Leviandade

Respeite a si mesmo.

Todo ser humano passa por momentos de fraqueza. O importante é que você não se deixe dominar pela vulgaridade e pela insensatez. Você tem o direito de optar pelo meio de vida que mais o satisfaça, mas saiba depois arcar com as devidas conseqüências de seus atos.

A leviandade só servirá para deixá-lo inseguro, infeliz e frustrado. Procure respeitar os próprios sentimentos, e não fira sua dignidade, violentando o íntimo com comportamentos inconvenientes e intoleráveis.

Mais tarde você se arrependerá por ter sido inconseqüente consigo mesmo e com os outros.

Agindo assim, você estará respeitando os próprios sentimentos.

Liberalidade

Seja liberal em suas atitudes.

Procure abrir a mente para aceitar as pessoas como são. Se cobrar o comportamento alheio, você será considerado uma pessoa despreparada e desatualizada.

Você pode e deve ser liberal para poder participar da evolução natural da vida, que clama pela liberdade de expressão e de sentimentos. Entretanto, não confunda liberalidade com vulgaridade.

Você deve compreender o ponto de vista dos outros sem no entanto se deixar levar por ideologias contrárias aos seus ditames de moral e conduta.

A liberalidade é o entendimento pleno do íntimo do próximo, e você se sentirá bem consigo mesmo se colocar a compreensão acima das próprias tradições.

Liberdade

Adote a liberdade consciente.

Ter liberdade não é fazer o que se quer, mas saber fazê-lo sensatamente. Não confunda liberdade com vulgaridade ou inconseqüência. Antes de tudo, é preciso haver respeito pelo direito alheio, e você deve precaver-se para não ferir ou magoar os sentimentos dos outros.

Agindo com consciência e sensatez, você terá estrutura suficiente para usufruir de seus direitos, cumprindo os deveres com responsabilidade. Dessa forma, não haverá quem possa condenar sua maneira de ser e agir.

Para ser realmente livre, você precisa estar em paz consigo mesmo e com a vida.

Seja consciente para que a sua liberdade lhe dê o prazer que você merece.

Lição

A vida é o seu mestre.

Cada dia que se passa é mais uma etapa derradeira na evolução do ser humano. Procure tirar proveito de tudo que vê e aprenda o cotidiano para poder crescer, se desenvolver e amadurecer.

Tudo que lhe acontecer de bom ou mau tem o propósito de fazê-lo mais experiente. Portanto, aprenda as lições que a vida lhe ensina para poder fortalecer sua personalidade e adquirir mais vivência.

E, por mais que se julgue um sábio, conscientize-se de que você deve aprender cada vez mais, para sentir-se seguro e confiante.

Agindo assim, você sem dúvida será aprovado.

Liderança

A liderança requer responsabilidade.

A liderança é uma qualidade que é conquistada, e não imposta. Portanto, não queira impor seu ponto de vista e sua vontade às pessoas. Não seja arbitrário, para que não o classifiquem de prepotente e inescrupuloso.

O líder tem dentro de si uma força magnética própria, capaz de atrair os adeptos naturalmente, sem imposições. Se você sente em sua personalidade a capacidade de liderança, você deve assumi-la com responsabilidade e desprendimento.

O compromisso da liderança é muito sério, e você deve precaver-se para não degenerar ou corromper a boa vontade e a dedicação daqueles que o seguem.

Seja consciente e respeite o sentimento alheio.

Limite

Conviva saudavelmente com os limites que lhe são impostos.

A imaginação humana não tem limites, e você deve projetar sua vida para realizar seus sonhos, mas dentro de suas possibilidades e, principalmente, consciente da realidade e da verdade.

Procure estar permanentemente com os pés no chão para que não se enraíze em sua personalidade o sentimento de frustração. Não vale a pena viver preso a sonhos e fantasias que podem desviá-lo da realidade da vida.

Entretanto, não se acomode, e não permita que o derrotismo o domine. Se mantiver o equilíbrio, você saberá discernir o que pode e o que não pode ser alterado.

Lisonja

Não lisonjeie o trabalho do próximo.

Seja honesto para consigo mesmo e para com os outros a fim de que possam considerá-lo e respeitá-lo. Evite incrementar os valores dos outros além da realidade no intuito de angariar simpatias ou favoritismos.

Seja consciente dos seus atos para não despertar na consciência alheia sentimentos fantasiosos e ilusórios. Você pode e deve elogiar aqueles que merecem, mas equilibre o seu impulso para não falsificar emoções.

Da mesma forma, receba os elogios com naturalidade para evitar sentimentos mesquinhos de arrogância e convencimento. A lisonja poderá iludi-lo, e sua vida será baseada em mentiras.

Agindo assim, você demonstrará caráter e franqueza.

Loucura

Controle sensatamente as suas emoções.

Todo ser humano passa por fases críticas de adaptação, ajustamento e conscientização da própria realidade. Não permita que sentimentos negativos o dominem, fazendo-o perder a lucidez e o bom senso.

Procure manter o equilíbrio, controlando saudavelmente os impulsos arrebatadores que podem transtornar-lhe a mente. Equilibre-se!

A loucura é gerada pela perda sucessiva de autocontrole, e

você deve assumir a sua personalidade, moldando-a à realidade e às necessidades da própria vida. Saiba dosar o ímpeto para controlar a si mesmo.

Se agir com maturidade, consciência e coerência, você será considerado uma pessoa equilibrada, forte e sensata.

Lucidez

Mantenha-se lúcido para ser senhor dos seus atos.

Procure ter consciência dos atos que poderá praticar se porventura perder a lucidez e a razão. Você pode e deve se divertir de maneira saudável para descansar a mente dos problemas diários, mas não seja inconseqüente com a sua vida e com a do próximo.

Lembre-se, se perder o autocontrole, você poderá cometer atos que o deixarão arrependido pelo resto da vida. Um simples momento de prazer não compensa o arrependimento futuro, que o perseguirá por toda a sua existência. Controle-se!

Agindo assim, você demonstrará ter responsabilidade e transmitirá segurança ao próximo.

Luxo

Não se apegue excessivamente aos bens materiais.

Conscientize-se definitivamente de que a vida é passageira e de que não vale a pena viver preso a futilidades ilusórias, que só servirão para deixá-lo inseguro e vazio.

Você pode e deve lutar para crescer e prosperar, mas cuidado para que a ganância não lhe desvirtue a razão e o bom senso. O luxo é gerado por um sentimento de frustração enraizado no inconsciente, e você, criatura humana inteligente que busca a perfeição, deve precaver-se para não se deixar levar pela cobiça e pela ostentação.

Agindo assim, sua vida terá muito mais sentido, e a felicidade será mais fácil de ser alcançada.

M

Magnetismo

Sinta o magnetismo pulsando dentro de você.

Perceba a força fabulosa que emana de sua mente quando você pensa, raciocina e cria. Procure pensar sempre de forma positiva para que o magnetismo gerado por suas vibrações se transmute em benefícios para si mesmo e para os outros. Se suas vibrações forem de paz, saúde, amor e prosperidade, você despertará no próximo sentimentos de simpatia, aconchego e tranqüilidade. O homem é o que ele pensa, portanto cultive o hábito sadio de mentalizar positivamente sua vida para que o destino aconteça da maneira como deseja.

Você colherá exatamente aquilo que plantar.

Mágoa

Esqueça o que passou.

Não viva preso ao passado infeliz que o tortura: há muito para ainda aprender e viver. Portanto, esqueça as mágoas e sinta-se livre para cultivar a sua felicidade. Os ressentimentos escravizam o homem, e você deve procurar entender que a vida é feita de boas e más experiências, que lhe são úteis e necessárias para crescer e desenvolver sua personalidade. Encare o ofensor como alguém que o fez aprender e, doravante, utilize-se da vivência para acertar sempre.

Esquecendo as mágoas, você se sentirá livre para desfrutar sensatamente da própria felicidade.

Mal

O mal é um grão de areia no oceano da vida.
Deus é luz e bondade, portanto não criaria o mal para prejudicar seus filhos. O mal, na realidade, provém do próprio ser humano, e é ele que o faz parecer grande e ameaçador. Procure sintonizar sua mente no diapasão do bem e da bondade para se resguardar de possíveis vibrações negativas. Não se preocupe se alguém lhe deseja mal. Se mantiver os pensamentos de fé e amor, não haverá sentimento algum capaz de feri-lo.
Emitindo paz, saúde, amor e prosperidade para todas as criaturas, a maldade jamais fará parte de sua vida.

Malandragem

Sinta prazer no seu trabalho.
Conscientize-se definitivamente de que o trabalho é a coisa mais importante na existência do ser humano. O trabalho é o tempero da vida, e você deve sentir-se um privilegiado em poder demonstrar o seu talento e a sua capacidade. Portanto, saiba honrar com honestidade os compromissos para que não o classifiquem de desocupado e malandro. Para sentir-se bem consigo mesmo, você deve banir do íntimo o sentimento de malandragem, que o deprecia e o faz sentir-se irresponsável e improdutivo.
Trabalhando assiduamente com prazer e alegria, você será benquisto na sociedade e demonstrará respeito e dignidade.

Maldade

Cultive a bondade para elevar o seu espírito.
Procure ser bom, indistintamente, com as criaturas boas ou ruins, para que possa aprimorar o espírito. A maldade é um sentimento negativo, próprio das pessoas desequilibradas, covardes e que não compreendem a verdadeira essência da vida. Não se afunde nas trevas da selvageria e da incompreensão.

Trate bem a toda a criação, humana, animal e vegetal, e sinta o quanto isto lhe trará paz e alegria. Da mesma forma, precavenha-se contra a maldade do próximo. Esteja permanentemente alerta para poder defender-se com sensatez e segurança.

Ser bom é um desafio que você deve enfrentar.

Maledicência

Não perca tempo preocupando-se com a maledicência alheia.

Já imaginou se pudéssemos ler os pensamentos alheios? Por isso, lembre-se de que a maledicência a seu respeito seria muito maior se as pessoas descobrissem o que realmente você pensa a respeito delas. Siga em frente, confiante em sua vitória, e deixe as mentes maldosas paradas, atrás, sem progredir, enterradas no mar da incompreensão e da incompetência. Deixe-as falar o que quiserem, para que possam se envenenar com as próprias palavras.

Se estiver com a consciência tranqüila do dever cumprido, você provará a todos que é digno de confiança.

Maneira

Respeite a maneira alheia.

Respeitar a maneira alheia é respeitar o modo de alguém ser feliz. Procure abrir a mente para que a compreensão passe a fazer parte de sua vida, desenvolvendo o seu espírito e fortalecendo a sua personalidade. Cada ser humano possui particularidades que lhe são peculiares, e não há como evitar que elas se manifestem. Portanto, respeite a maneira das outras pessoas para que elas possam respeitar a sua. Não seja inconveniente, e evite criticar o próximo.

Seja discreto para que sua chegada seja recebida com prazer e alegria.

Mania

Faça de suas manias as armas para beneficiar a si mesmo e ao próximo.

Todo ser humano é dotado de atitudes estritamente pessoais. Faça com que seu modo de ser lhe traga benefícios e prosperidade. Da mesma forma, procure incentivar o próximo a cultivar as boas maneiras, mostrando-lhe que é possível desenvolver qualquer trabalho através de esforços e boa vontade. Entretanto, precavenha-se para que suas manias não sejam irracionais ou impróprias. Se fugir da realidade, além de ser ridicularizado, você sentirá o gosto da decepção e da frustração.

Canalizando as suas preferências com seriedade e inteligência, seu trabalho será reconhecido e admirado.

Martírio

Não transforme os problemas em martírio.

Há momentos em que todos nós passamos por fases negativas e desgastantes que nos obscurecem a razão e o discernimento. Tenha paciência para poder superar esta etapa difícil da vida. Após a tormenta, o sol volta a brilhar, e você precisa enfrentar os problemas que surgem, com a cabeça erguida e confiante na resolução dos mesmos. Não exagere nem encare com pessimismo a sua situação para ter condições propícias de sanar os impasses com senso e equilíbrio.

Adotando o pensamento positivo e acreditando no sucesso de seus empreendimentos, os problemas que surgirem lhe parecerão bem menores.

Masoquismo

Viva da melhor maneira possível.

Retire definitivamente da mente que a vida é sofrimento e que a sua existência não tem importância. Para que buscar e fomentar a dor, se você pode usufruir de tudo de bom que a vida pode lhe oferecer?

Não seja fatalista! Creia em Deus, que é luz e bondade e pôs o homem no mundo para crescer, desenvolver-se e, principalmente, ser feliz. Não seja masoquista, procurando sofrer pelas culpas que você não tem. Valorize-se! Respeite a si mesmo e agradeça ao Criador pela oportunidade de viver com fé, alegria e prazer.

Procure ser feliz conforme lhe determina a consciência.

Materialismo

Creia na supremacia do espírito sobre a matéria.

Não se afunde no abismo da incompreensão, valorizando exclusivamente a matéria. Não se descuide da verdadeira essência que habita cada ser humano para encontrar a verdadeira razão de sua existência. Se você se apegar excessivamente ao materialismo, estará traçando para si uma existência vazia, fútil e incoerente com as leis cósmicas. Você pode e deve lutar para crescer e prosperar, mas não se esqueça de cultivar o espírito que carece de evolução.

Consciente então da transitoriedade da vida e da eternidade do espírito, você saberá desfrutar sensatamente dos prazeres que a vida pode lhe oferecer.

Maturidade

Desenvolva a sua personalidade.

De hoje em diante, deixe de lado as futilidades. Mude, evolua, cresça... Procure utilizar-se das próprias experiências para resolver as situações com segurança e maturidade. Para que possam confiar em você, é preciso que você demonstre responsabilidade e sensatez. Antes de qualquer coisa, assuma a sua própria personalidade e saiba ser você mesmo, sem precisar escorar-se nos outros para resolver os seus problemas. Se for dependente do próximo, você jamais desenvolverá as próprias aptidões. Portanto, procure vencer os obstáculos através de esforços próprios, mesmo à custa de erros e insucessos.

Agindo assim, você adquirirá maturidade e experiência.

Mediocridade

Não seja medíocre.

Procure utilizar-se da inteligência e da compreensão para desenvolver sua personalidade. Não fique preso a resquícios e futilidades que só servirão para deixá-lo inseguro e imaturo. Saiba valorizar o ser humano em sua essência sem se prender a valores hipócritas e irracionais. A mediocridade o conduz às trevas da ignorância, e o entendimento, à luz da sabedoria e da verdade. Abra sua mente para poder aceitar as coisas que não podem ser mudadas e que precisam ser compreendidas. Seja desprendido e viva em paz e equilíbrio.

Agindo assim, você não será medíocre.

Meditação

Reserve pelo menos um minuto de seu dia para meditar em silêncio.

É no silêncio que se ouve a voz da verdade, e você precisa adquirir o hábito sadio da meditação, para ouvir a voz de Deus que lhe fala no fundo d'alma. Procure sentir o que existe dentro de você para que possa conhecer-se e se avaliar. É na meditação que o ser humano assume a própria honestidade de valores e sentimentos. Olhe para o seu interior e você descobrirá quanta beleza existe no espírito humano.

Quanto mais se interiorizar na meditação, mais você será capaz de visualizar seu caminho e sua verdade.

Medo

Não tenha medo.

Seja corajoso para enfrentar as situações com segurança. Não se prenda a crendices e superstições, culto de pessoas despreparadas e ignorantes. Creia no poder de Deus que o ampara e protege em quaisquer circunstâncias. Se mantiver a fé, não haverá nada capaz de prejudicá-lo. Entretanto, procure ser prudente em suas decisões. Se for cauteloso e ao mesmo tempo corajoso, você terá o equilíbrio de que necessita para vencer as barreiras da insegurança e do medo.

Acreditando na proteção divina, você acabará com o medo que o impede de crescer e evoluir.

Meiguice

Cultive a boa educação.

Procure tratar a todos da melhor forma possível para poder receber consideração e o respeito alheio. A meiguice é uma qualidade das pessoas sensíveis e educadas, que transmitem ao próximo sentimentos de tranqüilidade e paz. Saiba cultivar sensatamente os bons modos para manter os relacionamentos sociais duradouros e saudáveis. Entretanto, saiba impor-se como pessoa firme, decidida e de personalidade. Não permita que usem sua educação para abusarem de sua boa vontade e compreensão.

A tolerância tem limites, e você precisa saber equilibrar a educação para poder reivindicar os próprios direitos.

Melancolia

Lute pelos seus ideais.

Não permita que sua existência perca o sentido, fazendo-o cair nos abismos do desinteresse e da melancolia. Preencha sensatamente o tempo cultivando um ideal justo, humano e saudável, para sentir prazer em viver. A melancolia destrói os propósitos e transforma a vida num mar de lamentações e infelicidade. Por que nutrir sentimentos negativos se você pode ainda dar de si para desenvolver qualquer trabalho que o realize e o faça ser útil? Você pode!

Se preencher sua vida com trabalho, dedicação e amor ao próximo, a felicidade será uma constante, para você e todos os que o cercam.

Melhoria

Mude para melhor.

Saiba ser racional e coerente para discernir o que deve e o que não deve ser mudado em sua existência. Procure ser firme em seus propósitos e transmita segurança ao próximo, mas não seja radical, para que as mudanças que fizer em sua vida lhe sejam benéficas. O mundo está em constante evolução, e você precisa abrir a mente para acompanhar as gerações que surgem. Não seja retrógrado, atualize-se! O importante é que você mude para melhor, aperfeiçoando assim o seu espírito.

Se for inteligente, sensato e utilizar sabiamente as experiências, você saberá escolher o caminho mais adequado para melhorar sua vida.

Memória

Utilize-se da memória para desenvolver o seu trabalho.

Procure estar permanentemente alerta para poder desempenhar suas funções com eficácia e competência. Aproveite cada minuto do dia para desenvolver e fazer crescer seu talento. Coloque os pés no chão e não permita que os devaneios o façam perder tempo com pensamentos inúteis e desnecessários. Procure ser ativo e dinâmico para que confiem em você como pessoa responsável e cumpridora dos deveres. Não seja cabeça-oca, pois assim você viverá preso ao fracasso e ao insucesso.

Utilize-se sabiamente dos dons que Deus lhe deu para conseguir realizar todos os seus desejos.

Menosprezo

Não menospreze o próximo.

Pergunte a si mesmo que direito você tem de menosprezar as outras pessoas. Deus privilegiou a todos os seus filhos indistintamente, e você deve colocar-se em pé de igualdade com todos, para ter equilíbrio e sensatez. Acredite, todo ser humano possui dentro de si riquezas incalculáveis, e você deve aprender a visualizá-las para poder valorizar a todos. Saiba reconhecer o seu talento, mas não se esqueça de considerar os dons alheios. Se incentivar o próximo a cultivar um ideal, você sentirá o prazer de ser útil.

Se você fosse um sábio, não menosprezaria a inteligência do próximo.

Mentira

A mentira tem memória curta.

Utilize-se da verdade como lema de sua vida, e não permita que o sentimento negativo da hipocrisia o domine, fazendo-o cair nos abismos do fingimento e da deslealdade. Se mentir, mais cedo ou mais tarde todos ficarão sabendo, e você então perderá a credibilidade e cairá no ridículo. Portanto, procure ser franco para confiarem em você como cidadão honesto e digno. Para que possa viver com a consciência tranqüila e andar de cabeça erguida, você deve adotar a verdade, adquirindo assim o respeito absoluto do próximo.

A mentira corrói o espírito e degenera a personalidade.

Mérito

Trabalhe corajosamente para conquistar seus méritos.

Não espere conquistar tudo que deseja passivamente. Ao

contrário, você deve ser ativo e atuante para não desperdiçar as boas oportunidades que surgem. O mérito é o resultado de um longo processo de trabalho, dedicação e esforço, e você será digno dele se realmente for um lutador incansável e desprendido. Entretanto, não se engrandeça pelos louros alcançados. A vaidade gera arrogância, e você deve ser humilde ao falar de si e de suas qualidades. Da mesma forma, reconheça os valores alheios e incentive o próximo a vencer os obstáculos com garra e coragem.

Dessa maneira, você conquistará tudo que deseja.

Mesquinharia

Usufrua dos bons momentos que a vida lhe oferece.

Saiba dosar equilibradamente o seu ímpeto para não gastar as economias além de suas necessidades e possibilidades. Não se esqueça de se resguardar para o futuro, quando você necessitará de segurança e tranqüilidade. Entretanto, saiba aproveitar devidamente os bons momentos e as boas oportunidades. Não se prenda a valores materiais ilusórios e não faça do dinheiro a razão primeira de sua existência. A mesquinharia gera desequilíbrio, e você deve saber desfrutar sensatamente das belas coisas da vida.

No futuro, suas recordações terão gosto de vitória e não de frustração, por ter deixado a vida passar sem aproveitá-la.

Meta

Pare, pense e analise o que realmente deseja da vida.

Analise criteriosamente suas preferências, tendências e aspirações e, a partir daí, lute corajosamente para atingir seus objetivos, movido pela vontade de ser um vencedor e conquistar o que deseja. A vida é feita de metas, e você precisa conquistá-las gradativamente para sentir-se realizado e bem-sucedido. A existência humana desprovida de objetivos traz a insatisfação e a frustração, e você deve estar em permanente atividade para sentir-se seguro e feliz.

Quando você se conscientizar do que realmente pretende da vida, a felicidade estará mais próxima de ser alcançada.

Meticulosidade

Faça de sua meticulosidade um benefício para si e para o próximo.

Todo ser humano tem preferências, tendências e aspirações próprias. Portanto, procure respeitar as preferências e modos de outras pessoas para também respeitarem o seu modo de ser. Você pode e deve ser meticuloso no intuito de desempenhar suas funções com mais eficiência e responsabilidade. Entretanto, não exagere nos detalhes e nas observações desnecessárias para que não o classifiquem de maçante e prolixo. Procure ser prático e objetivo em suas colocações.

Equilibre-se para que seu trabalho seja produtivo e digno do admiração.

Método

Organize sua vida.

Para desempenhar todas as atividades às quais se propõe, é indispensável que você tenha método e organização. De nada adianta ter talento, vontade de vencer e inteligência se você não souber coordenar suas funções com equilíbrio e praticidade. Organize-se! Pare e pense o que realmente deseja e a partir daí determine com sensatez as prioridades de suas obrigações. O método é o grande segredo daqueles que souberam vencer na vida, e você deve se espelhar nas pessoas organizadas para também conquistar o seu espaço.

Agindo assim, você será capaz de desempenhar qualquer função de modo eficaz e produtivo.

Mexerico

Não perca tempo falando da vida alheia.

O mexerico é próprio das pessoas de mente curta, que, por serem desocupadas e frustradas, tentam depreciar o nome daqueles que souberam vencer e prosperar. Enquanto despende tempo falando da vida do próximo, você estará perdendo grandes oportunidades de desenvolver o seu trabalho e conquistar o sucesso. Se usar de falsidade, as pessoas inevitavelmente se afastarão e perderão a confiança em você. Não seja fútil, e lute pela vida e por sua vitória. Cresça e amadureça.

Agindo assim, você ficará surpreso com os frutos de seu trabalho e perceberá que aqueles que você outrora difamou deixaram rastros atrás de si.

Milagre

A vida é um milagre.

Estar vivo é um milagre, e você deve agradecer a Deus pela oportunidade de alcançar a graça de viver. Conscientize-se de quanto o ser humano é frágil e transitório e, ao mesmo tempo, forte o suficiente para criar tantas coisas úteis e benéficas. O corpo, a mente e o espírito humano são obras idealizadas por uma consciência universal, onipotente e onipresente, que caracteriza o verdadeiro milagre da vida.

Creia no poder de Deus como a força suprema de todo o universo que o mantém vivo e o faz consciente de sua missão e de sua verdade.

Miséria

Compadeça-se do sofrimento alheio.

Veja quanto dissabor, pobreza e miséria assolam o mundo de hoje. É hora de parar, pensar e se conscientizar de que a sua colaboração, por menor que seja, é importantíssima para abrandar o sofrimento de muita gente.

Não seja egoísta, não viva somente para si. Não há felicidade maior do que servir, e você deve procurar repartir com o irmão menos favorecido o pão de cada dia, para estar em paz com a própria consciência.

A partir do instante em que você dedicar amor ao próximo, seu espírito se rejubilará na luz eterna do amor universal.

Missão

Cumpra a sua missão.

Nada no universo acontece por acaso, sem que seja pela vontade de Deus. Se você está vivo é porque existe uma razão. Portanto, conscientize-se do verdadeiro motivo de sua existência, cumprindo dignamente o seu papel de ser humano que busca a evolução e a perfeição.

Não se prenda a resquícios fúteis e banais que só servirão para torná-lo vazio e fora da realidade. Viva a verdadeira essência da vida para poder alimentar o seu espírito.

Sua missão na Terra é muito mais importante do que você imagina, e você deve cumpri-la com amor para viver em paz para todo o sempre.

Mistério

Aceite os mistérios com naturalidade.

Acredite, há mais mistérios sobre a Terra do que se possa imaginar. Abra a mente para encará-los naturalmente, evitando assim que sua personalidade seja corrompida por superstições e cultos banais que atrasam o seu desenvolvimento. É evidente que você deve colocar o espírito acima da matéria, mas precavenha-se para não fugir da realidade da vida, cultivando fantasias ilusórias que o deixarão inseguro e insensato. Você pode e deve buscar o conhecimento além das fronteiras do desconhecido, mas pondere a curiosidade para viver permanentemente em equilíbrio.

Todo mistério é revelado no momento certo e na hora apropriada.

Mocidade

Aproveite os anos de sua mocidade.

A juventude é a fase mais importante na vida de qualquer pessoa, desde que seja devidamente aproveitada. Trabalhe, estude e assuma os seus compromissos com responsabilidade, mas saiba também desfrutar sensatamente os bons momentos de sua vida. Lembre-se, cada segundo que passa não volta jamais, e você precisa aproveitar a mocidade, usufruindo de tudo que ela possa lhe oferecer, para mais tarde não se arrepender. Entretanto, conscientize-se de que a juventude é passageira, e você deve semear o futuro para sentir-se confiante.

Agindo assim, você estará preparado para o envelhecimento com maturidade e segurança.

Moda

A moda é a expressão de um momento.

Para que ficar preso a modismos passageiros que nada lhe acrescentarão? Seja você mesmo, autêntico, sem precisar assumir comportamentos ou atitudes que a maioria adotou. Procure cultivar sua própria personalidade, adotando o seu estilo, para sentir prazer e alegria. O ser humano é livre para fazer o que bem entende, desde que respeite o direito do próximo.

Portanto, atenda ao seu gosto e às suas necessidades para poder sentir-se bem.

Você pode e deve acompanhar a evolução dos tempos, mas procure primeiramente agradar a si mesmo, antes de satisfazer o gosto alheio.

Moderação

A vida exige moderação.

Para viver tranqüilo, sem mágoas ou arrependimentos, é imprescindível saber equilibrar os impulsos, com determinação e sabedoria. Há momentos que exigem ponderação e você deve estar devidamente preparado para enfrentar, com calma e segurança, as situações embaraçosas que surgem. É evidente que os problemas diários acumulam tensões no psiquismo, e é justamente nesta fase difícil que você deve usar a moderação em quaisquer circunstâncias. Acredite, tudo que fizer em excesso lhe será prejudicial. Por isso, controle-se para viver em paz e com a consciência tranqüila.

Com este procedimento, você evitará transtornos e aborrecimentos.

Modéstia

Seja modesto, tanto quanto puder.

Evite engrandecer-se perante os outros, comentando sobre suas qualidades e aptidões. A arrogância causa antipatia, e você deve ser humilde ao falar de si e de seus feitos. Entretanto, não confunda modéstia com submissão. Você deve e precisa valorizar a sua pessoa, bem como o seu trabalho, para ser respeitado. Olhe para si mesmo, antes de valorizar o trabalho alheio. O importante é que você trabalhe sempre, para sentir-se realizado pelo dever cumprido. Agindo com discrição e modéstia, seus valores serão inevitavelmente reconhecidos.

Você então constatará que a modéstia valeu a pena.

Momento

Este é o seu melhor momento.

Não fique preso ao passado, pois o mundo exige renovação e mudança. Sinta que este exato instante é o seu melhor momento, pois é nele que você respira, ama e sente a vida. Procure viver com alegria para que os problemas sejam mais fáceis de serem resolvidos. Se adotar o pensamento positivo, sua existência será coroada de paz e felicidade. Portanto, sinta cada momento como o mais importante de todos, e dele dependerá o sucesso dos empreendimentos futuros.

Se fizer do momento presente o mais importante de sua vida, você vivenciará intensamente a sua existência.

Moral

Preserve a sua moral.

São necessários anos de trabalho para se construir um bom nome. Porém, basta um simples segundo para destruí-lo para sempre. Preserve-se! Consulte sua consciência antes de tomar qualquer decisão ou assumir qualquer comportamento, para não se arrepender mais tarde. Você colherá exatamente aquilo que plantar. Entretanto, saiba ser você mesmo, e não se amedronte diante de censuras castradoras ou falso moralismo. Se não prejudicar ao próximo, tudo lhe é permitido, por direito universal. Você não pode e não deve renunciar à felicidade por pressões sociais, preconceito ou medo.

Faça-se respeitar por sua personalidade e seu bom exemplo.

Morte

A morte não existe.

Não tenha medo da morte. Ela é uma verdade incontestável, e você deve preparar-se para partir a qualquer instante, desprendidamente da matéria. Conscientize-se da transitoriedade da vida para poder dar o verdadeiro valor à sua existência. Confie em Deus, nosso Pai, que legou ao homem a sua companhia para todo o sempre. Procure viver da melhor forma possível e usufrua de tudo que a vida puder lhe oferecer, mas não se apegue a ela excessivamente: seria como tentar pegar o vento com as mãos.

Lembre-se! Na Terra somos viajantes; nosso verdadeiro destino é morrer para a vida eterna.

N

Namoro

O namoro é uma etapa importante da vida.

Faça com que o namoro seja um prazer para você, e não um relacionamento desgastante, inútil e infeliz. Conscientize-se de que se dois seres decidem compartilhar uma vida a dois é porque buscam satisfação mútua. Saiba escolher inteligentemente o namorado, procurando uma pessoa compreensiva, sincera e, acima de tudo, um grande amigo das horas difíceis. Duas pessoas devem namorar para ajudarem uma a outra, pois não compensa manter um relacionamento movido apenas por mera atração física ou ciúme arrebatador.

Faça do namoro um ponto de partida para você conquistar a sua felicidade.

Nascimento

O nascimento é a base fundamental de todo ser humano.

Conscientize-se da grande responsabilidade que você terá a partir do instante em que decidir ter seus próprios filhos. Olhe para si mesmo e tente se lembrar de tudo que você passou ao longo da existência para chegar aonde está. Seu nascimento foi o ponto de partida para que pudesse desenvolver e aprimorar o espírito. Da mesma forma, coloque sua sensibilidade e compreensão para com os que estão iniciando a longa caminhada da vida. Utilize-se de sua experiência para encaminhar corretamente aqueles que dependem de você.

Seja responsável, e não brinque com a vida alheia.

Naturalidade

Procure agir sempre com naturalidade.

Evite gestos, expressões ou maneiras artificiais no intuito de camuflar o seu verdadeiro eu. Para que falsificar emoções? Se respeitar o direito alheio, ponderar o seu modo de ser e agir e, sobretudo, viver conforme lhe determina a consciência, você será livre para ser você mesmo. O grande segredo da naturalidade é esquecer-se dela para que os sentimentos mais profundos possam desabrochar. Cuidado com os artificialismos para não passar por ridículo. A espontaneidade é o grande segredo dos que demonstram segurança e carisma.

Seja natural em sua maneira de ser para que as pessoas confiem em você.

Natureza

Preserve a natureza.

A natureza é a coisa mais valiosa de que o homem dispõe sobre a face da Terra. Dê carinho aos animais e às plantas e sinta a energia positiva de seu gesto transmutar-se em paz e felicidade. Lembre-se, o homem depende da natureza e sem ela sucumbirá, por isso você deve empenhar-se constantemente na defesa dos direitos da vida. Coloque a bondade em seus sentimentos para poder vibrar harmonicamente com todas as criaturas.

Seja você também um soldado incansável, que luta em prol da preservação da natureza e sinta a presença de Deus em todos os momentos de sua vida.

Necessidade

Equilibre suas necessidades.

Verifique sensatamente se as necessidades que você reivindica têm razão de ser ou não passam de mera satisfação de um instinto exagerado e insaciável. Para que exigir mais do que você realmente precisa? Se não houver ponderação de sua parte, você poderá perder a noção da realidade e se sentirá permanentemente inseguro e insatisfeito. Para sentir-se confortável é preciso apenas satisfazer as necessidades básicas de sobrevivência. O resto virá com o tempo e de acordo com o seu merecimento pelo trabalho desempenhado.

Se souber equilibrar as necessidades com razão e coerência, você desfrutará com alegria dos bons momentos de sua vida.

Negligência

Não seja negligente.

Procure ser responsável em quaisquer circunstâncias para que não o classifiquem de relapso e inconseqüente. Cumpra fielmente os compromissos, assumindo uma postura de competência e dedicação, para granjear o bom conceito alheio.

A negligência é própria de pessoas despreparadas e irresponsáveis, e você deve evitar terminantemente a má vontade para resolver os problemas que lhe surgem. Enfrente de cabeça erguida as situações e procure solucioná-las com paciência e prontidão. Se for negligente e desinteressado, você demonstrará fraqueza e incompetência.

Agindo assim, você provará sua capacidade e demonstrará ser digno de confiança.

Negociação

Um negócio só é bom se todos forem beneficiados.

Procure sempre colocar-se na posição dos outros antes de cometer quaisquer atos. Faça ao próximo o que gostaria que fizessem a você. Não se aproveite da ingenuidade alheia para tirar vantagem. Uma negociação sadia e honesta precisa ser vantajosa para todas as partes. Portanto, procure respeitar a ignorância alheia, negociando de tal forma que você possa continuar vivendo em paz e com a consciência tranqüila. Não vale a pena usufruir do que não lhe é de direito, pois assim as pessoas perderão a confiança em você.

Agindo assim, você demonstrará honestidade e justiça.

Nervosismo

Controle o seu nervosismo.

Todo ser humano passa por fases críticas que podem abalar as estruturas mais sólidas. É natural que de vez em quando você perca o controle sobre suas emoções em explosões de desabafo. Entretanto, procure dosar esses impulsos arrebatadores, que podem trazer conseqüências desagradáveis. Nesses momentos, o ser humano pode cometer atos que o deixarão arrependido para o resto da vida. Aquele que realmente o ama e preza saberá compreender este seu momento de fraqueza. Você também deve proceder da mesma forma com o semelhante.

Procure ter calma para minimizar os problemas.

Noivado

Reflita antes de assumir compromissos.

Pense bem antes de assumir quaisquer obrigações para consigo mesmo e com os outros. É preferível protelar as ocasiões do que cometer imprudências desnecessárias. Reflita! Você deve ser principalmente honesto com o ser amado, que carece de respeito e espera ser correspondido em seus sentimentos. Se porventura se conscientizar de que o noivado foi um erro, é preferível que você o rompa definitivamente, antes que seja tarde demais. Pense bem: é melhor que haja a separação agora do que depois; assim, você estará evitando problemas muito mais sérios.

Seja consciente e respeite o sentimento alheio.

Nostalgia

Não viva de recordações.

Se viver constantemente preso ao passado, você estará perdendo grandes oportunidades de desfrutar de outros momentos felizes aos quais tem direito. Siga em frente, não se prenda ao que passou para não desperdiçar o presente. Conviva saudavelmente com suas recordações, mas não permita que elas lhe tragam nostalgia, que só servirá para deixá-lo tristonho e amargurado. Ainda há muito que viver, e você precisa abrir seu coração para o futuro, que o espera de braços abertos. Acredite, você ainda terá experiências maravilhosas de vida.

Faça da nostalgia o maior motivo para conquistar sua felicidade.

Novidade

Tudo que é novo tende a sofrer pressões contrárias.

Qualquer novidade tem um quê de excentricidade, até o momento em que se torna comum e aceita por todos. Portanto, se dentro de você pulsa um espírito inovador, não se deixe abater por críticas e desaprovações. Lembre-se, os grandes feitos da história provieram de idéias inusitadas, que a princípio pareciam absurdas e impraticáveis. Que seria da ciência de hoje se não houvesse pessoas de mentes revolucionárias que souberam trazer o progresso ao mundo? Entretanto, viva dentro da realidade para não alimentar sonhos ilusórios e impossíveis.

Faça suas idéias se desenvolverem em prol do bem-estar coletivo.

Nudez

Veja a nudez com pureza de sentimentos.

Se nudez fosse pecado seria proibido nascer, pois Deus nos colocou no mundo desprovidos de quaisquer vestimentas. É evidente que você deve se comportar conforme as leis do pudor e da decência, senão estará violando o direito dos outros. Entretanto, não se envergonhe do seu corpo, pois ele é a expressão mais pura e humana da criação divina. Saiba vestir-se naturalmente, respeitando a moral e a filosofia de vida alheias.

Agindo de acordo com a consciência e nutrindo sentimentos puros em relação à nudez, você terá a sensação de liberdade e prazer.

O

Obediência

O verdadeiro líder é aquele que sabe dar obediência.

Procure viver em harmonia com os subordinados e os superiores para desenvolver seu trabalho com tranqüilidade e equilíbrio. Coloque-se na posição dos semelhantes antes de cometer quaisquer atos que possam magoá-los ou humilhá-los. Respeite o próximo! Entretanto, defenda os ideais com garra e com coragem, e não permita que sua filosofia de vida seja castrada por ideologias contrárias aos seus ditames de conduta e evolução. Faça-se respeitado demonstrando firmeza de personalidade e caráter definido.

Se agir conscientemente, colocando-se em seu devido lugar, você saberá dar obediência sem ferir os próprios sentimentos.

Objetivo

O objetivo move a vida.

Pare, pense e analise o que realmente deseja da vida, para encontrar o seu caminho. Não viva a esmo, como se o mundo fosse um parque de diversões e não houvesse responsabilidades. São justamente as metas que fazem o ser humano lutar por dias melhores, e você deve conscientizar-se de seus objetivos para preencher sua existência. Inicie hoje mesmo o seu trabalho de construir o amanhã e enfoque sua mente, mentalizando positivamente o sucesso de seus empreendimentos. Quem não sabe o que quer sente-se fútil, vazio e infeliz.

Sua felicidade depende exclusivamente de você.

Obscuridade

Seja claro e objetivo em suas colaborações.

Evite ser evasivo e prolixo. Saiba ser preciso e firme em suas atitudes e decisões, para poder transmitir segurança ao próximo. Utilize-se das experiências adquiridas para aprimorar o vocabulário e a clareza de suas expressões. Não perca seu tempo nem dos semelhantes com obscuridades e rodeios. Procure ser direto e franco para não irritar os outros. A paciência tem limites, e você deve respeitar a tolerância alheia para evitar aborrecimentos.

Agindo assim, as pessoas sentirão prazer em conversar com você.

Observação

Esteja permanentemente alerta.

Evite ser distraído para que não o classifiquem de sonhador e alienado. Coloque os pés no chão e viva a realidade para poder conquistar seus objetivos. Procure observar cuidadosamente tudo aquilo que lhe interessa para desenvolver seu trabalho e aprimorar sua mente. Para confiarem em você, é imprescindível que você demonstre vivacidade e dinamismo. Você pode ser um vencedor se souber observar com racionalidade o mundo em que vive.

A observação é o grande segredo dos maiores gênios da humanidade; através dela, você adquirirá experiência para orientar sua vida.

Obsessão

Evite a obsessão para manter o equilíbrio.

Observe como as pessoas obcecadas demonstram desequilíbrio e insensatez. Você pode e deve lutar para conquistar tudo aquilo que deseja, mas precavenha-se para que o seu objetivo não se transforme numa obsessão, capaz de desvirtuá-lo do verdadeiro caminho. Pare, pense e analise se seus propósitos têm uma verdadeira razão de ser. É preferível admitir que você perdeu do que ignorar a própria razão.

Enfrente a realidade de cabeça erguida, e não esmoreça. Você pode ter perdido uma batalha, mas a luta continua. Se for preciso, mude os rumos de sua existência para não viver obcecado e frustrado.

Obstáculo

Utilize-se dos obstáculos para conquistar a vitória.

Conscientize-se de que tudo que se conquista facilmente não tem o mesmo valor do que aquilo que se consegue alcançar através de esforços e sacrifícios. Portanto, reconheça nos obstáculos que surgem uma razão ainda maior para ir sempre em frente, lutando por seus ideais com coragem, otimismo e perseverança. Não seja fraco, e não desista de conquistar seu sonho somente porque um empecilho qualquer lhe dificulta o caminho. Vá em frente, confiante em seu sucesso, e faça dos obstáculos um aliado para gerar novas forças dentro de você.

Nada poderá detê-lo se trabalhar com fé e perseverança.

Ociosidade

Preencha sua vida.

Já observou que as pessoas que trabalham são muito mais felizes e seguras? A ociosidade faz o homem perder o gosto pela vida, tornando-o vazio e fútil. Para que seu sonho seja realizado, você deve aproveitar todas as oportunidades que surgem. Não perca seu tempo com coisas irrelevantes, que nada lhe acrescentam. É evidente que você deve procurar distrair-se saudavelmente para descansar a mente dos problemas diários, mas saiba coordenar seu tempo para desempenhar suas funções de maneira eficaz.

Vamos, deixe a ociosidade para os fracos e os incompetentes.

Aproveite agora para não se arrepender mais tarde.

Ódio

Liberte-se das amarras do ódio.

Para viver em paz e com a consciência tranqüila, você deve se libertar dos grilhões do ressentimento. Não vale a pena viver preso ao passado que o tortura e atormenta. O ódio provoca distúrbios físicos, mentais e espirituais irreversíveis. Você, somente você, será o grande prejudicado. Tente perdoar aqueles que o ofenderam para que sua vida siga em frente em busca da felicidade. Se porventura não conseguir perdoar, apague definitivamente o inimigo de seus pensamentos.

Retirando o ódio de seu coração, você se sentirá livre para construir sua vida.

Ofensa

Não se deixe perturbar por ofensas.

Acredite, aquele que ofende o próximo é digno de complacência. Portanto, procure não se deixar transtornar por desaforos ou desavenças. Na realidade, em qualquer atrito, é justamente o ofensor que demonstra fraqueza, falta de personalidade e insegurança. É evidente que você deve se fazer respeitar, zelando por seu bem-estar e segurança, mas não se rebaixe àqueles que não merecem sequer a sua atenção. Despreze-os! Da mesma forma, controle-se para que suas palavras não ofendam os semelhantes. Pense muito bem antes de dar sua opinião para evitar ferir os sentimentos do próximo.

Viva em paz consigo mesmo e com o próximo.

Opção

Assuma sua opção de vida.

Você é livre para ser você mesmo, desde que respeite o direito alheio. Em seu caminho surgirão oportunidades que não devem ser desperdiçadas. Entretanto, pare, pense e analise o que você realmente pretende e escolha sensatamente a diretriz que mais lhe interessar e convier. A opção é um direito imbatível, e você deve defender o seu ponto de vista para que todos o considerem e o respeitem. Se demonstrar segurança e firmeza naquilo que faz, sua opção será vista como merecedora de crédito.

Vivendo sua vida sem condenar a do próximo, sua opção de vida será respeitada.

Opinião

Antes de dar sua opinião, consulte a própria consciência.

Evite intrometer-se em assuntos alheios para que não o classifiquem de inconveniente e indiscreto. Dê sua opinião somente se assim o solicitarem, respeitando a individualidade alheia. Entretanto, precavenha-se para não se envolver nos problemas dos outros. Você pode e deve ajudar o próximo a resolver situações embaraçosas, mas não vá além de suas possibilidades para não assumir postura de cumplicidade.

Da mesma forma, saiba pedir os conselhos de que necessita às pessoas indicadas que merecem sua confiança e demonstram discrição.

Você deve ser responsável por suas palavras e opiniões.

Oportunidade

Faça de cada oportunidade um trunfo para sua vitória.

O vencedor é aquele que sabe aproveitar devidamente as chances para crescer. Acredite, a vida lhe oferece inúmeras opções e escolhas, e caberá a você distinguir o que lhe importa ou não. Não perca as boas oportunidades que surgem para não se arrepender mais tarde. Aproveite enquanto dispõe de boa saúde, coragem e vontade de vencer. À medida que o tempo passa, as oportunidades vão escasseando. Portanto, inicie hoje mesmo seu trabalho de construir uma vida promissora e segura.

A vida passa. Aproveite os bons momentos para ser feliz.

Oração

A verdadeira oração consiste em seus próprios pensamentos.

De que adianta você dizer que reza e pratica sua religião se na realidade você o faz apenas de corpo presente? Para que qualquer oração receba a bênção, ela precisa ser feita com fé. É preciso que seu espírito esteja em vibração com a corrente do bem e do amor ao próximo. Não ore apenas para cumprir um compromisso ou mostrar aos outros que é um praticante.

A oração é o canal que nos liga a Deus, e você precisa abrir seu coração para que o amor divino o ilumine.

Ordem

Só sabe dar ordens aquele que sabe recebê-las.

Todo líder é portador de uma personalidade marcante e ativa. Se dentro de você pulsa o carisma da liderança, saiba utilizar-se desse dom para desenvolver o seu trabalho e de seus subordinados. Para que seja respeitado, você precisa colocar-se na posição dos outros para sentir como uma ordem deve ser dada. Evite humilhar o próximo, com estupidez e arrogância. Da mesma forma, reconheça naquele que o lidera o responsável pelo seu próprio sucesso. Não o inveje; ao contrário, incentive-o a crescer e prosperar, pois assim estará demonstrando lealdade e dignidade.

Se aceitar ordens, você saberá comandar.

Organização

Organize-se para viver melhor.

Não adianta você ter força, coragem e determinação se não houver ordem e disciplina em sua vida. Procure ser lógico e sensato para saber priorizar seus objetivos com segurança. Tudo que é realizado com organização proporciona resultados surpreendentes, e você deve coordenar as atividades de maneira a que o seu trabalho seja produtivo. A organização é um predicado indispensável dos que souberam vencer e prosperar. É preferível subir um degrau de cada vez e atingir o cume do que tropeçar e cair por afobação e descontrole.

Orgulho

Orgulhe-se de si mesmo.

Procure valorizar seu trabalho e você mesmo para se sentir seguro e confiante. Tenha orgulho de suas raízes e de sua origem, evitando que sentimentos fúteis de falsa grandeza o dominem, fazendo-o perder o senso de dignidade e de amor aos seus princípios. Entretanto, procure dosar os impulsos do orgulho para que, em vez de ser uma faceta positiva de sua personalidade, ele o faça parecer presunçoso e arrogante. Antes de tudo, você precisa ser modesto ao falar de si e de suas qualidades.

Equilibre-se para que o orgulho dignifique suas raízes, sem arrogância.

Orientação

A orientação é uma luz que brilha na escuridão.

Para que sua vida tome rumos seguros, você deve procurar a orientação dos mais velhos e mais experientes. É evidente que você deve assumir a própria personalidade, tentando resolver por si mesmo os problemas que surgem. Entretanto, procure ouvir atentamente os conselhos das pessoas mais vividas para filtrar em seu benefício as experiências de que carece. Você pode e deve seguir os bons conselhos, mas não se esconda atrás dos outros com medo de assumir seus propósitos.

Se seguir atentamente as orientações que lhe forem dadas, você evitará aborrecimentos e desilusões.

Ostentação

Não seja supérfluo.

Conscientize-se definitivamente da transitoriedade da vida para viver a verdadeira essência da existência humana. É evidente que você deve lutar para crescer e prosperar, mas evite o luxo excessivo, que poderá desviá-lo da razão e do bom senso.

A ostentação é oriunda de um sentimento enraizado no inconsciente, e você deve procurar ser o mais simples possível para que os seus problemas também sejam simples de serem resolvidos.

Trabalhe com vontade de vencer, mas não faça do dinheiro a razão primeira de sua vida.

Lembre-se, a morte não exige ostentação, e você deve procurar ser desprendido para viver em paz e equilíbrio.

Otimismo

Adote o pensamento positivo.

Procure pensar sempre de forma positiva para conquistar tudo aquilo que deseja. Evite os pensamentos negativos, que destroem os ideais e corrompem a esperança.

Entretanto, saiba distinguir a realidade da fantasia. Você pode e deve adotar o otimismo como mola propulsora para atingir o sucesso, mas não exagere suas pretensões para não cometer imprudências.

Você precisa ser antes de tudo realista e consciente, para não viver de ilusões. Equilibre-se para aceitar a realidade.

Mentalizando positivamente o sucesso de seus empreendimentos e adotando o otimismo racionalmente, você terá forças suficientes para conquistar seus sonhos.

Ousadia

Meça suas palavras.

Procure controlar seu ímpeto para que não o classifiquem de ousado e mal-educado. Viva da melhor maneira possível, convivendo pacificamente com o próximo, respeitando-lhe os sentimentos.

Não seja inconseqüente com seus atos e sobretudo com as palavras para não magoar ou ferir os outros. Se não souber controlar devidamente as emoções, você será antipatizado e conquistará inimizades.

A ousadia fere os brios da sensatez, e você deve evitar que sentimentos vulgares e mesquinhos o dominem, fazendo-o perder a razão e o respeito.

Você tem o direito de defender seu ponto de vista, desde que o faça com sensibilidade e equilíbrio.

P

Paciência

A paciência é o antídoto da aflição; entretanto, não confunda paciência com negligência.

Procure ser calmo para resolver as adversidades com eficiência e segurança. Não se afobe, pois assim perderá o controle e seus problemas parecerão maiores. Se souber esperar sensatamente a consagração de seus propósitos, você terá equilíbrio para enfrentar as situações embaraçosas. Você deve ser atuante, firme e dinâmico para agilizar a solução dos problemas, mas não espere displicentemente que os dissabores sejam sanados, pois assim estará entregue à derrota e à decepção.

A paciência é a grande arma dos vitoriosos, e você deve cultivá-la para adquirir experiência e desenvolver sua personalidade.

Pacificação

Semeie a paz onde quer que esteja.

Saiba cultivar os bons sentimentos para viver em paz e com a consciência tranqüila. Em quaisquer situações e circunstâncias, você deve promover o entendimento e a pacificação. A compreensão e o bom senso são os aliados mais poderosos de que você deve dispor para desenvolver seu lado humano e fraterno. Evite brigas e discussões e procure conviver saudavelmente com o próximo para conquistar aliados. A fim de que sua felicidade seja completa, você precisa estar bem consigo mesmo e com os outros.

Se souber conviver harmonicamente com os semelhantes, você será benquisto e admirado.

Pacto

Assuma os seus compromissos.

Pense muito bem antes de assumir quaisquer responsabilidades para que possa cumpri-las com dignidade. A partir do instante em que se comprometer a cumprir suas obrigações, você deve valer-se de todos os esforços para honrar sua palavra. Se falhar com o próximo, você será considerado uma pessoa sem princípios e indigna de confiança. Portanto, analise as próprias condições antes de aceitar um pacto para sentir-se seguro e confiante na realização de seus propósitos.

Se houver conscientização de sua parte, você será capaz de cumprir a tarefa que lhe compete, provando assim sua competência e honestidade.

Paixão

Ame com sensatez.

O amor verdadeiro é movido de dentro para fora, e é a mais pura emoção do ser humano. É através dele que você encontra a verdadeira razão de sua existência. Saiba cultivar os sentimentos nobres que engrandecem o seu espírito e o tornam feliz. Entretanto, precavenha-se para que a paixão arrebatadora não o domine, fazendo-o perder o senso e a razão. Não se deixe levar por emoções transitórias e passageiras, que só servem para iludi-lo e frustrá-lo.

Você pode e deve alimentar seus sentimentos, mas equilibre-se para que a paixão não lhe traga mágoas e ressentimentos.

Palavra

A palavra é capaz de revelar as verdades mais profundas.

É através da palavra que o homem expressa os sentimentos, e ela é tão poderosa que é capaz de construir ou destruir uma vida. É preferível manter-se calado do que dizer coisas irrelevantes ou de que você não tem o devido conhecimento. Se pensar bem, verá que o silêncio vale ouro, e é ele que o leva aos caminhos do aprimoramento e da sabedoria.

Se falar tudo que pensa, sem medir as conseqüências, as pessoas se aborrecerão e se afastarão de você.

Respeite o próximo para ser também respeitado.

Passado

Viva intensamente o dia de hoje.

Vá em frente, não se prenda ao passado, que está morto e enterrado. A vida é a semente que se planta no presente, e você deve desfrutar da atualidade e planejar o futuro com sabedoria para usufruir mais tarde de tudo aquilo que você construiu. Do passado você deve recordar-se apenas dos bons momentos. Os maus momentos, você deve apagá-los da memória, mas utilize-se das experiências adquiridas para fortalecer sua personalidade.

Vamos, não perca tempo preocupando-se com o que passou. O futuro é você quem escolhe, e sua vida deve seguir em busca de novos momentos felizes.

Patriotismo

Ame a terra em que nasceu.

Quando Deus criou o homem não estipulou continentes, países ou línguas. O ser humano veio ao mundo para cumprir uma missão espiritual que o Criador determinou. Perceba a universalidade do homem no contexto mundial e não se prenda a bairrismos ou a conceitos ultrapassados.

Entretanto, conscientize-se de que a terra em que nasceu o acolheu como berço de seu crescimento e desenvolvimento. Saiba portanto valorizar seu país, e respeite tudo aquilo que ele representa.

Se agir assim, você estará demonstrando o sentimento de

patriotismo que fortalece uma nação e enobrece os brios de um povo.

Paz

Viva em paz consigo mesmo e com os outros.

Procure emitir constantemente vibrações de paz, saúde, amor e prosperidade para todas as criaturas e sinta o quanto isto lhe fará bem. Participe da corrente do bem e seja mais um soldado contra as forças negativas que assolam o nosso planeta. Primeiramente, você precisa estar em paz consigo mesmo para poder transmitir seus sentimentos ao próximo com amor e desprendimento.

A paz do mundo também depende de você, e é preciso que a partir de hoje haja uma conscientização da verdadeira razão da existência humana.

Agindo assim, você sentirá a presença de Deus iluminando sua vida.

Pecado

O pecado não é o que os outros dizem ser, mas o que você sente ser.

Por que se culpar por coisas que não são de sua responsabilidade? Não se prenda a crendices ultrapassadas e retrógradas, que colocam o homem como culpado de tudo que faz. Se tiver a consciência tranqüila do dever cumprido, respeitar o semelhante, amar a Deus sobre todas as coisas, cumprir dignamente o papel de ser humano honesto e, principalmente, fomentar a bondade em seu coração, você estará glorificando os princípios divinos.

Você pode encontrar o Senhor em tudo que faz, desde que mantenha a fé.

Lembre-se, Deus nos colocou no mundo para sermos felizes.

Pedido

Faça o seu pedido conscientemente.

Há momentos na vida em que todos nós passamos por dificuldades financeiras, morais ou espirituais. Nestas fases difíceis, você pode e deve solicitar o apoio do próximo para resolver seus problemas. Entretanto, não faça um pedido absurdo ou inconseqüente. Respeite a boa vontade e a tolerância alheias para que não o classifiquem de inconveniente e aproveitador.

Há pessoas que sentem prazer em servir, desde que seja por uma causa humana e justa. Tente primeiramente resolver os impasses por si mesmo, antes de pedir a proteção do próximo.

Seu pedido será assim merecedor de crédito e atenção.

Pensamento

O homem é o que ele pensa.

O pensamento é uma forma poderosíssima de energia, que pode construir ou destruir uma vida. Doravante, precavenha-se contra os pensamentos negativos que destroem os ideais e corrompem o espírito. Procure pensar positivamente para atrair sentimentos afins. Se cultivar um ideal, trabalhar incansavelmente para atingir seus objetivos, depositar fé em Deus e pensar de forma positiva na consagração de todos os seus propósitos, você sentirá a força e o poder do pensamento comandando seu próprio destino.

Portanto, de hoje em diante, adote a atitude mental de pensar positivamente a sua vida para que você possa conquistar tudo aquilo que deseja.

Percepção

Perceba o mundo ao seu redor.

Procure estar permanentemente alerta e desperto para desempenhar todas as suas funções com eficácia e competência. A percepção é um aliado importantíssimo para desenvolver a sua mente e adquirir experiências de vida. Não se perca em devaneios ou pensamentos inúteis, que só servem para deixá-lo fora da realidade. Seja ativo, dinâmico e atuante para poder vencer os obstáculos com determinação e segurança.

Perceba nos pequenos detalhes a solução dos grandes problemas e utilize-se dos recursos de que dispõe para desenvolver o seu íntimo.

Com o passar do tempo, você aprimorará a percepção que o tornará sensível e equilibrado.

Perda

Seja um bom perdedor.

Procure aceitar com resignação as derrotas que a vida lhe impõe. De nada adianta lamentar o insucesso, pois você estará desperdiçando o seu tempo e as novas oportunidades que poderão surgir. Deus escreve certo por linhas tortas, e mais tarde haverá uma explicação para seus aborrecimentos. Entretanto, não se entregue à perda com pessimismo e revolta. Ao contrário, você deve levantar a cabeça e seguir em frente, confiante nas vitórias futuras.

O mundo dá muitas voltas, e, se acreditar no sucesso de seus empreendimentos, você sem dúvida será um vencedor.

Siga sempre em frente para sentir-se realizado.

Perdão

O perdão traz a paz de espírito.

Procure perdoar aqueles que o ofenderam no passado para sentir-se livre e seguir sua vida em paz e com a consciência tranqüila. O ódio traz conseqüências desagradáveis, e você será o único prejudicado se mantiver dentro de si sentimentos vulgares e mesquinhos. O perdão é a chave de seu equilíbrio emocional, e você precisa ser desprendido de sentimentos irracionais para poder aprimorar seu espírito.

Se não conseguir perdoar o próximo, tente pelo menos ignorá-lo, e evite os pensamentos negativos de mágoa e ressentimento.

Liberte-se das amarras do ódio para sentir a presença de Deus em tudo que fizer.

Perfeição

Não existe ninguém perfeito.

Conscientize-se de que a perfeição pertence somente a Deus. Portanto, não exija das pessoas a perfeição que elas não são capazes de demonstrar. O caminho para o desenvolvimento espiritual é longo e árduo, e você precisa ter paciência com as limitações alheias para conviver saudavelmente com todos. Da mesma forma, não exija de si mesmo a perfeição que você não poderá assumir. Todo ser humano é passível de erros, e você não é nenhuma exceção.

Se cobrar de si mesmo e dos outros a perfeição, você estará traçando para si uma existência frustrada e infeliz.

Perigo

Dê valor à sua vida.

Procure proteger-se constantemente para preservar sua saúde física, mental e espiritual. Evite perigos desnecessários para mais tarde não se arrepender. Não vale a pena viver desregradamente no intuito de mostrar aos outros aquilo de que você é capaz.

Seja responsável com sua vida e com a do próximo para que confiem em você. Entretanto, não exagere os cuidados consigo mesmo. Ter precaução não significa covardia, e você deve ter segurança no que faz para sentir-se protegido e confiante.

Se for consciente de seus atos e agir com ponderação, você demonstrará equilíbrio em tudo que fizer

Persistência

Não desista de atingir seus objetivos.

Por que desistir de seus propósitos apenas por um obstáculo que surgiu em seu caminho? É justamente nesta circunstância que você deve adquirir mais força e entusiasmo para vencer as barreiras e conquistar seus propósitos

Vá em frente, confie em si mesmo e em Deus, que o ampara e protege. A persistência é a grande arma dos que souberam vencer na vida, e você deve se espelhar naqueles que conquistaram o sucesso. Se eles puderam, você também pode.

Entretanto, saiba distinguir a realidade da fantasia. Não persista num erro ou numa causa perdida para evitar a frustração e a desilusão.

Trabalhe, e assim você vencerá.

Perspicácia

Pense bem antes de tomar qualquer atitude.

A inteligência é um dom maravilhoso que Deus concedeu a toda criatura humana. Procure utilizar-se dela por inteiro para desenvolver sua personalidade e caráter. Quando se deparar com qualquer problema ou situação, use a perspicácia e o bom senso para se sentir seguro e confiante. Procure, antes de assumir qualquer atitude, refletir para encontrar o caminho certo.

Seja racional e prático em suas observações e colocações para que as pessoas confiem em você e o admirem. Se for perspicaz naquilo que realizar, você conquistará seus sonhos com muito mais facilidade.

Desta forma você evitará erros e insucessos.

Personalidade

Desenvolva a sua personalidade.

Deus é tão perfeito que não idealizou duas criaturas perfeitamente idênticas em todo o universo. Portanto, saiba assumir com fidelidade a própria personalidade, procurando desenvolvê-la e aprimorá-la para conquistar seus sonhos.

Da mesma forma, procure aceitar a maneira de ser das outras pessoas para que elas possam aceitar a sua. Não queira imitar os outros, pois assim estará demonstrando fraqueza e incapacidade. Seja você mesmo, autêntico e simples, para desenvolver seu íntimo com segurança e firmeza.

Imponha-se através de sua personalidade marcante e entusiástica.

Você, somente você, é senhor dos seus atos e do seu destino.

Pesadelo

Não se impressione com seus pesadelos.

A mente humana é ainda um grande segredo a desvendar. Portanto, não se preocupe com os pesadelos e procure encarar os maus sonhos como uma coisa natural e comum em qualquer ser humano. Não se prenda a crendices e superstições tolas que poderão desequilibrá-lo. Seja sensato e racional para poder controlar suas emoções.

Confie em Deus, que o ampara e protege, e mentalize positivamente seu dia para dissipar as influências negativas que os pesadelos possam porventura acarretar. Esqueça-os!

Se tiver fé na proteção divina, você banirá o medo, que o impede de crescer e evoluir.

Pessimismo

O pessimismo destrói os ideais e enfraquece a personalidade, tornando-o uma pessoa negativa e dominada pelo desânimo.

Mentalize positivamente sua vida, procurando visualizar os problemas com fé e otimismo para que eles se tornem mais fáceis de serem resolvidos e o seu destino aconteça da maneira como você deseja. Acredite no sucesso de seus empreendimentos.

Entretanto, precavenha-se para não confundir otimismo com imprudência. Viva de acordo com a realidade da vida para não se iludir com sonhos impossíveis e fantasiosos.

Você deve acreditar em si mesmo a todo instante, desde que trabalhe com consciência e equilíbrio.

Piedade

Tenha piedade do oprimido.

Você, criatura humana, que busca a perfeição e o aprimoramento, precisa conscientizar-se definitivamente de que a fraternidade é o sentimento mais nobre que o Senhor lhe legou. Tenha portanto amor a todas as criaturas que o rodeiam para viver em paz e com a consciência tranqüila.

Tenha piedade dos fracos e dos indefesos e procure ajudar os necessitados dentro de suas possibilidades, levando-lhes conforto material e espiritual. Uma simples palavra pode ser muito importante para aqueles que necessitam, e você deve colaborar com o próximo no mais alto espírito de abnegação.

Auxiliar aqueles que sofrem nas horas difíceis é tarefa nobre que você deve cumprir.

Planejamento

Organize-se para viver melhor.

Para que você consiga atingir seus propósitos de vida, é imprescindível que haja um planejamento coerente e racional. Não se deixe envolver por meros entusiasmos passageiros, que podem obscurecer-lhe a razão e o discernimento. Analise os prós e os contras antes de assumir qualquer compromisso.

Vá com calma para não se enganar por aparências. Se planejar seus empreendimentos além de suas forças e possibilidades, você estará suscetível ao fracasso e à frustração.

O planejamento é a base fundamental para o sucesso, e você deve organizar suas metas para conquistar seus sonhos.

Pobreza

Conscientize-se das riquezas que possui dentro de si.

É evidente que todo ser humano busca o crescimento e a prosperidade. Entretanto, não faça do dinheiro a razão primeira de sua vida. Nem sempre pobreza é sinônimo de infelicidade, desde que dentro de você existam a fé, a esperança e a vontade de viver.

Quantos milionários dariam tudo que possuem para desfrutar de pelo menos um dia de seu cotidiano, com saúde, paz e alegria? Se pensar bem, perceberá que na realidade você é imensamente rico.

Há muitas maneiras de ser feliz, e você precisa usufruir das dádivas que Deus lhe deu para viver em paz.

Poder

Quem crê tudo pode.

O poder distorce o ego da maioria das pessoas, fazendo-as perder o equilíbrio e o senso humanitário. Portanto, pense no poder apenas se dele necessitar para atingir seus objetivos fraternos. Se suas metas forem cercadas de amor ao próximo e fraternidade, a sabedoria divina saberá proporcionar-lhe os meios para que o poder seja alcançado.

É imprescindível entretanto que você acredite no sucesso de seus empreendimentos e, a partir daí, mentalize positivamente sua vida para que os seus propósitos sejam realizados.

Se souber conviver saudavelmente com o poder, você saberá conduzir sua vida e a do próximo com segurança e equilíbrio.

Política

Participe do meio em que vive.

Não seja um egoísta que se esconde atrás da máscara da alienação para não encarar a realidade. É preciso que haja a sua contribuição no desenvolvimento de sua comunidade para você se sentir atuante e dinâmico. Lembre-se, aqueles que não se interessam por política são inevitavelmente comandados pelos que se interessam, e você deve participar dos problemas sociais para dar sua parcela de contribuição.

Não viva somente para si para mais tarde não sentir o peso da solidão.

Trabalhando ativamente em prol do bem-estar coletivo, você estará desempenhando uma função política que o fará sentir-se realizado.

Ponderação

Calcule bem suas atitudes.

Para que você tenha segurança no que faz e no que pretende, é imprescindível que se utilize de todos os recursos de sua inteligência para ser um vencedor. A ponderação é um fator primordial para que você tenha o equilíbrio emocional de que necessita para decidir o melhor caminho a seguir.

Pense muito bem antes de fazer suas opções para evitar erros e aborrecimentos. Reflita seriamente sobre os seus propósitos de vida e escolhas e use o bom senso como aliado indispensável para conquistar o que deseja.

Se for ponderado em sua conduta, você evitará problemas e desilusões.

Pontualidade

Cumpra dignamente os seus compromissos.

A pontualidade é uma qualidade que você deve cultivar permanentemente para que os semelhantes confiem em você.

Organize com sensatez os seus compromissos para que possa cumpri-los com honradez. Não vá além de suas forças e possibilidades para poder arcar devidamente com as responsabilidades que lhe competem.

Respeite a boa vontade alheia, procurando adequar o seu tempo para não desperdiçar o tempo dos outros. A paciência tem limites, e você deve conscientizar-se de que a pontualidade é uma condição indispensável para desenvolver sua personalidade e seu caráter.

Agindo assim, você demonstrará responsabilidade.

Popularidade

Integre-se ao meio em que vive.

É evidente que você deve manter sua privacidade com discrição para evitar aborrecimentos, mas não se enclausure ou viva exclusivamente para si. Procure conviver saudavelmente na sociedade para manter o equilíbrio emocional e levar sua parcela de contribuição aos problemas da comunidade.

A popularidade é uma qualidade adquirida e não imposta, e você deve tratar a todos em igualdade de condições para evitar favoritismos ou constrangimentos. Se usar de simplicidade, simpatia e humildade, seu carisma o levará à popularidade, que o fará sentir-se benquisto e admirado.

A sociedade precisa do seu talento e de sua boa vontade.

Posse

Preserve os seus dotes.

Procure valorizar tudo aquilo que conquistou à custa de esforços e sacrifícios. Não menospreze suas posses, mesmo que sejam ínfimas e irrisórias. Valorize-as!

Entretanto, conscientize-se de que no mundo nada nos pertence, pois a vida é passageira e breve. Não permita que a ganância o desequilibre, fazendo-o perder o senso da transitoriedade da existência humana. Procure viver a verdadeira essência da vida, cultivando seu espírito para adquirir segurança e bem-estar.

Você pode e deve preservar suas posses, mas não se apegue a elas excessivamente.

Seja desprendido para poder usufruir da própria felicidade.

Possibilidade

Analise todas as suas possibilidades.

Pare, pense e analise sensatamente o que de fato deseja da vida antes de tomar atitudes e decisões. Verifique seus dons e talentos naturais para poder desenvolvê-los habilmente. Aproveite todas as oportunidades que surgem para não se arrepender mais tarde e dedique-se ao trabalho com amor e alegria. Você pode conquistar os seus sonhos, desde que acredite que será um vencedor.

Mentalize positivamente a sua vida, mas distinga a realidade da fantasia.

A possibilidade deve ser vista como tudo aquilo que ainda não se alcançou, desde que você esteja com os pés no chão e consciente de suas próprias limitações.

Praticidade

Utilize-se da praticidade para resolver os problemas com mais segurança.

Evite ser evasivo e confuso para poder resolver as adversidades com competência e eficiência. Não perca tempo com detalhes que julgar irrelevantes. Vá direto à solução dos problemas, com praticidade, tornando-se mais seguro e dinâmico.

É evidente que você deve ter calma e paciência para resolver os problemas, mas seja prático e atuante para encontrar sua solução com muito mais rapidez.

Se souber educar o seu modo de ser, adquirindo o hábito da

praticidade, seu cotidiano se tornará muito mais aproveitável e vibrante, e você sentirá uma agradável sensação de bem-estar pelo dever cumprido.

Prazer

Sinta prazer em tudo que fizer, mas não faça do prazer uma arma contra si mesmo.

Procure vivenciar todos os momentos da vida com intensidade e alegria para sentir prazer e realização. Valorize os bons momentos e as boas oportunidades e saiba desfrutar sensatamente de tudo que a vida pode lhe oferecer. Viva intensamente!

Você deve ser suficientemente maduro e responsável para saber o que é bom e o que não é para você. Não se deixe levar por grupos ou pessoas desajustadas, que não compreendem a verdadeira razão da vida e se entregam a divertimentos estúpidos e inconseqüentes.

Agindo assim, seu prazer será uma alegria para você e para os que o cercam.

Precaução

Seja precavido para evitar aborrecimentos.

Não se entregue a ilusões arrebatadoras ou emoções passageiras que podem obscurecer-lhe a razão e o discernimento. A precaução é uma grande aliada do bom senso e do equilíbrio, que o tornarão apto a enfrentar os problemas com muito mais segurança. Entretanto, não exagere ou encare com pessimismo os fatos. Você precisa ser, antes de tudo, positivo em suas atitudes e pensamentos para se sentir confiante e seguro.

Não se entregue à derrota e à decepção somente porque perdeu uma batalha. A vida continua, e, se usar de precaução nos empreendimentos futuros, você terá menos possibilidade de insucessos e frustrações.

Se for precavido e ao mesmo tempo dinâmico e firme, você conquistará tudo aquilo que deseja.

Precipitação

Tenha calma para resolver seus problemas.

A precipitação é a grande inimiga do bom senso e da razão, e você deve evitar terminantemente que a afobação lhe obscureça o raciocínio. Não se deixe levar por impulsos incontroláveis, que o farão tomar atitudes negativas, capazes de acarretar-lhe problemas ainda mais sérios. Acredite na solução de seus infortúnios e tente resolvê-los com paciência e determinação, consultando primeiramente a própria consciência e os conselhos dos mais experientes.

Se agir sem lógica e movido pela emoção, dificilmente você encontrará o caminho certo.

Adquirindo o hábito sadio da meditação e consultando seu interior antes de tomar qualquer decisão, você sem dúvida resolverá seus problemas.

Preconceito

Não seja preconceituoso.

Lembre-se, Deus nos criou em igualdade de condições, e não existe ninguém melhor do que ninguém. Portanto, eleve seu pensamento e evite nutrir sentimentos mesquinhos e irracionais para com os semelhantes a fim de que o preconceito não se manifeste. Procure aceitar as pessoas como são, mesmo que contradigam o seu íntimo e a sua verdade.

Se colocar a compreensão acima das suas emoções, você estará em paz consigo mesmo e com os outros. Não condene o próximo apenas porque o seu comportamento não se coaduna com o seu meio de vida.

Se respeitar a maneira de ser do próximo e elevar o seu

pensamento acima do preconceito, você sentirá o gosto da liberdade e do desprendimento.

Preferência

Atenda às suas preferências.

Procure viver de acordo com a sua consciência, atendendo às suas preferências antes de satisfazer o gosto alheio. Entretanto, não permita que o egoísmo o domine, fazendo-o viver um mundo exclusivista e particular. Você precisa saber viver harmoniosamente com o próximo para adquirir equilíbrio e bem-estar. Da mesma forma, não critique aqueles que têm gostos diferentes dos seus. Respeite a maneira de ser das outras pessoas para que as suas preferências também sejam respeitadas.

O importante é que você viva a sua vida sem condenar a dos semelhantes, para que possa impor as suas opções e escolhas.

Assim procedendo, você se sentirá seguro e confiante.

Preguiça

Sinta a vida pulsando em você.

Procure ser ativo e atuante para poder conquistar seus objetivos. Deixe a preguiça para aqueles que não cultivam um ideal e estão fadados a uma existência medíocre e sem propósitos. O trabalho é uma das coisas mais importantes da vida, e você deve ser dinâmico e empreendedor para sentir-se disposto e confiante.

A preguiça corrompe a personalidade e degenera os princípios básicos do ser humano. Portanto, sua atitude deve ser de extrema eficiência e dinamismo. Se se entregar a sentimentos negativos, estará desperdiçando as grandes oportunidades que a vida lhe oferece.

Aproveite sabiamente o seu tempo e expurgue a preguiça de sua vida para sentir-se realizado.

Prejuízo

Valha-se de suas experiências.

Por muito experiente que seja, ninguém está livre de cometer erros. A vida é uma escola, e, com o passar dos anos, você estará vivenciando e aprendendo novas lições. Portanto, não se desespere se porventura sofrer algum prejuízo. Reconheça neste acontecimento desagradável uma nova experiência que o ensinará a não cometer erros no futuro. Não se entregue à derrota e à decepção, pois você é forte o suficiente para erguer a cabeça e seguir em frente em busca de novas vitórias.

Pare, pense e analise de onde proveio a causa do prejuízo, e, a partir daí, refaça-se desta fase negativa.

Agindo assim, o prejuízo de hoje fará o lucro de amanhã.

Premeditação

Pense bem antes de tomar decisões.

Se analisar bem, você constatará que grande parte dos problemas de sua vida foi gerada por imprudências. De hoje em diante, procure premeditar suas atitudes e decisões para que não seja necessário refazer a sua vida. Não se entregue a emoções arrebatadoras que podem cegá-lo e obscurecer seu discernimento. Para ser um vencedor, é indispensável cultivar a paciência como mola propulsora que trará a consagração dos seus propósitos na hora certa e no momento apropriado.

A premeditação é imprescindível para que você faça um planejamento de sua vida com mais maturidade e segurança.

Preocupação

Por que se preocupar se você está nas mãos de Deus?

A preocupação é o mal do século, e ela é capaz de destruir a saúde e o equilíbrio emocional de qualquer pessoa. Todo ser humano passa por fases críticas que desestruturam o psiquismo e trazem conseqüências imprevisíveis. Portanto, esteja alerta contra os males da preocupação, que podem obscurecer-lhe a razão e o bom senso.

Procure aceitar os problemas que surgem como coisa natural da vida. Lembre-se, há muita gente que suporta dissabores muito maiores e mesmo assim encontra forças para superar as crises com coragem e esperança.

Mentalize positivamente a solução dos seus problemas para que as preocupações não destruam seus verdadeiros objetivos de vida.

Presente

Viva o presente.

Não se prenda ao passado, que está morto e enterrado. Siga em frente para não desperdiçar o tempo, que é muito precioso e que precisa ser devidamente aproveitado. Do passado você deve utilizar-se das experiências adquiridas que o ensinaram a crescer e amadurecer. O presente é o aqui e agora, e é neste exato momento que você respira, ama e sente a vida.

Desfrute plenamente dos bons momentos e das boas oportunidades para não se arrepender mais tarde. A vida passa, e o seu futuro dependerá do que fizer no presente.

Viva o presente com a experiência do passado e planeje o futuro com a vivência do presente.

Pressa

A pressa é inimiga da perfeição.

Não tenha pressa de vencer e conquistar seus propósitos, pois assim estará fadado à imperfeição e à derrota. É evidente que você deve ser dinâmico e eficiente para desenvolver seus potenciais com coragem e energia. Mas sua competência e dedicação poderão ser desperdiçadas se não souber controlar sensatamente os impulsos de sentimentos arrebatadores. Contenha-se!

Equilibre o seu ímpeto para poder utilizar-se dos dons que Deus lhe deu para crescer e prosperar.

Se for apressado, você nem sequer sentirá o gosto e o prazer de desfrutar da sua vitória.

Pressentimento

Ouça sua voz interior.

Conscientize-se de que o ser humano possui capacidades ilimitadas que podem ser devidamente aproveitadas. Não se prenda apenas aos cinco sentidos conhecidos que o orientam e o instruem. Perceba na sutileza da intuição um forte sentimento capaz de aconselhá-lo em quaisquer circunstâncias. O pressentimento é um eco de sua voz interior, e você deve dar atenção ao que seu íntimo insiste em lhe dizer.

Entretanto, não fantasie ou mistifique os poderes que Deus lhe deu. Seja sensato e inteligente para não passar por ridículo.

O pressentimento deve ser o seu grande aliado, que o aconselha nos momentos difíceis.

Prestígio

Seu prestígio dependerá do trabalho que você desempenhar.

Para se ter um bom nome é preciso demonstrar a todo instante honestidade, hombridade e competência. Portanto, inicie hoje mesmo o seu trabalho de construir o amanhã, plantando a cada momento a semente da tradição de um nome. O prestígio é a conseqüência de seus esforços, e você o terá se mantiver um comportamento irrepreensível perante a opinião pública.

Saiba portanto usufruir sensatamente dos privilégios que lhe competem, sem no entanto abusar da boa vontade alheia.

Seja consciente dos seus atos para que o próximo continue confiando em você.

Préstimos

Ofereça os seus préstimos.

Se viver exclusivamente para si, estará traçando uma existência solitária e desumana. Não permita que a avareza de servir o domine, tornando-o uma pessoa egoísta e alienada. Lembre-se, o mundo dá muitas voltas, e nunca se sabe o dia de amanhã. Portanto, seja prestativo ao máximo para que sinta prazer e bem-estar em servir ao próximo.

Ofereça seus préstimos a quem quer que necessite, mas precavenha-se para que não usem sua boa vontade em finalidades banais ou duvidosas.

Seja consciente e ajude àqueles que realmente merecem, senão estará cometendo injustiças.

Ajudar aos que sofrem é tarefa nobre que você deve cumprir.

Presunção

Conscientize-se de suas limitações.

Não se julgue inabalável e tampouco dono da verdade, pois você é um ser humano como qualquer outro, sujeito a erros e imperfeições. Procure ser humilde ao falar de si e de suas qualidades para que a presunção não se manifeste, causando antipatia.

Seus feitos serão reconhecidos por todos, sem haver necessidade de ressaltá-los ou enaltecê-los. Você pode e deve julgar-se forte e corajoso para resolver os problemas, mas não seja presunçoso a ponto de supor-se invencível e ilimitado. Não vá além de suas forças e possibilidades para mais tarde não se sentir frustrado.

Você pode tudo que quiser, de acordo com a vontade de Deus.

Pretensão

Norteie os rumos de sua existência.

A pretensão é a mola propulsora que aquece os ideais, e você deve fomentar sua ideologia de vida para se sentir confiante e com senso de responsabilidade. Pergunte a si mesmo o que você realmente pretende da vida antes de tomar qualquer decisão ou atitude. Não viva a esmo, como se a vida não tivesse finalidade ou propósito.

Não seja medíocre, desprezando os grandes potenciais de que dispõe. Utilize-se de sua inteligência e dos dons que Deus lhe deu para crescer, se desenvolver e prosperar.

Faça com que sua existência seja dinâmica e direcionada no sentido de realizar suas pretensões.

Privacidade

Mantenha sua privacidade.

Procure ser reservado e discreto para manter sua privacidade salvaguardada de pessoas maldosas e mexeriqueiras. Pense muito bem antes de depositar plena confiança nos outros. Nem todos merecem conhecer sua intimidade, que carece de respeito, e você deve saber selecionar devidamente suas amizades para evitar aborrecimentos.

Da mesma forma, respeite a privacidade alheia e evite ser indiscreto para que possam confiar em você. Não vá além do que o semelhante lhe permite para não ser inconveniente.

Respeite o espaço e a vida do próximo para que sua chegada seja aceita com alegria e prazer.

Privilégio

Sinta-se um privilegiado.

Acredite, seus problemas são ínfimos perante os dissabores dos outros. Dê valor à sua vida e a tudo que possui, pois muitos gostariam de estar em seu lugar, desfrutando de sua saúde, inteligência e força de vontade. Ser como você é um privilégio que muitos gostariam de ter.

Portanto, sinta-se grato por tudo que conseguiu conquistar

e nunca desanime em desenvolver ainda mais seu trabalho. Perceba nas boas oportunidades que surgem um privilégio para poucos, e você deve valorizar os bons momentos para não se arrepender mais tarde.

Não inveje o próximo; ao contrário, você pode também ser um vencedor, desde que acredite em si mesmo e aproveite os privilégios que a vida lhe oferece.

Problema

Resolva os problemas com paciência e maturidade.

Conscientize-se definitivamente de que todo ser humano tem problemas e que eles inevitavelmente fazem parte de nossa vida, como forma de crescimento e amadurecimento. Não julgue seus infortúnios como os piores do mundo, pois há pessoas que enfrentam situações muito mais embaraçosas e, mesmo assim, conseguem superar os obstáculos com coragem e confiança.

Portanto, enfrente de cabeça erguida seus problemas e tente resolvê-los da melhor maneira possível, com calma e determinação. Procure não adiar a solução dos mesmos: assim, você adquirirá a experiência necessária para resolver problemas futuros.

Agindo assim, os problemas lhe parecerão bem menores.

Profissão

Honre a sua profissão.

O trabalho é uma das coisas mais importantes da vida, e você precisa saber valorizar o seu para se sentir realizado. Antes de optar por qualquer profissão, analise criteriosamente suas tendências e aspirações, sem se deixar levar por impulsos ilusórios ou outras influências que poderão desviá-lo de seu verdadeiro caminho.

Escolha a função que verdadeiramente faz parte de sua vocação e preferência, para sentir prazer em seu trabalho.

A profissão é uma arma poderosa para que você desenvolva o seu talento e transforme o seu ideal em benefícios para si e para o próximo.

Proibição

Viva a sua liberdade de sentimentos e emoções.

A proibição é uma atitude castradora, que pode ferir o íntimo das almas mais sensíveis. É evidente que você deve obedecer às regras de conduta e moral, respeitando os direitos alheios. Além disso, prejudicar o próximo é inadmissível perante as leis divinas e dos homens.

Entretanto, não se apegue excessivamente ao falso moralismo, que degenera os princípios básicos da sensibilidade humana. Você tem o direito de optar pelo meio de vida que mais o satisfaça, desde que o faça com consciência e respeito.

Imponha-se através de sua responsabilidade e bom exemplo para viver feliz.

Promessa

Não prometa o que você não pode cumprir.

Prometer é antes de tudo assumir um compromisso irrevogável. Portanto, verifique primeiramente as suas condições antes de fazer promessas que não poderá cumprir. Estude o grau de suas possibilidades para que as limitações naturais não lhe destruam os ideais. É preferível assumir a incapacidade de realização do que se iludir com fantasias e pretensões que estão além da realidade e de suas próprias forças.

Não exija tanto de si para não se sentir frustrado.

A promessa só deve ser proferida se você estiver plenamente consciente de que poderá cumpri-la com honradez.

Protelação

Enfrente os problemas de cabeça erguida.

Evite protelar a solução dos problemas que surgem para que eles não se tornem cada vez maiores. Procure resolver os dissabores conscientemente, mas não adie a resolução dos mesmos para se sentir confiante e adquirir novas experiências de vida.

A protelação é uma atitude covarde que você deve evitar terminantemente, pois ela enfraquece sua personalidade e o deixa inseguro. Mentalize positivamente o sucesso de seus empreendimentos e lute corajosamente para a realização de seus propósitos.

Equilibre seu ímpeto para resolver os problemas na hora certa e no momento apropriado.

Provação

Não faça da vida um rosário de lamentações.

A vida não é provação, e sim alegria e felicidade. Não seja negativo para não atrair influências nefastas que o prejudicarão. Procure vibrar sua mente positivamente para sintonizá-la na corrente universal do bem e do amor ao próximo.

Acreditar que a vida é uma provação só é cabível para os derrotistas e os fracos, e você deve evitar terminantemente que pensamentos fatalistas o façam crer que precisa sofrer para se aperfeiçoar espiritualmente.

Não, você veio ao mundo porque Deus assim o quis, e portanto, tem o direito de ser livre e feliz.

Prudência

Seja prudente para evitar aborrecimentos.

A prudência é um pré-requisito básico e indispensável que você deve adquirir para evitar transtornos em sua vida. Não seja covarde e enfrente as situações com determinação e vontade de vencer, mas acautele-se com as ações, para resolver os problemas com segurança.

É preferível adiar a solução de qualquer situação do que tentar resolvê-la sem um planejamento adequado. Procure utilizar-se do bom senso e da experiência para evitar que seus problemas se tornem ainda maiores.

Aliando a prudência à força de vontade de crescer e prosperar, você conquistará seus objetivos.

Pureza

Cultive a pureza.

Observe como as crianças são puras e ingênuas e despertam tanta sensibilidade e afeição nos adultos. Elas são uma verdadeira lição de que todos nós nascemos bons, e é justamente o ambiente que corrompe as almas puras.

Faça essa criança ressurgir de dentro de você para que a pureza possa novamente fazer parte do seu eu. Evite pensamentos maldosos e pervertidos para que sua mente esteja permanentemente vibrando em harmonia com o pensamento universal do bem e do amor ao próximo.

O mundo precisa de sua colaboração, e você deve dar o exemplo para os que não foram ainda contaminados pela cobiça e pelo ódio.

Q

Qualidade

Aproveite suas qualidades e as do próximo.

Não há quem não tenha defeitos, e você deve evitar apontar as fraquezas alheias para angariar respeito e simpatia. Por pior que seja uma pessoa, sempre existe um lado bom, e é justamente este que você deve observar. Todo ser humano possui qualidades inatas, e você deve incentivá-lo a cultivá-las em benefício próprio e dos outros.

Da mesma forma, analise-se para descobrir seus talentos e vocações e desenvolvê-los. Você ficará surpreso com seus potenciais.

Se souber aproveitar devidamente seus dons, sua vida será coroada de alegria e entusiasmo.

Queixa

Evite queixar-se de sua vida.

Pare de lamentar a sorte, reclamando constantemente de sua situação econômica, financeira e social. Todo mundo tem problemas, e as pessoas que o cercam ficarão enfastiadas com suas lamúrias. Respeite a tolerância alheia.

Se continuar se queixando, você estará desperdiçando tempo e oportunidades de crescer e prosperar. Não perca tempo: inicie hoje mesmo seu trabalho de construir o amanhã. Esqueça o que passou e siga em frente, em busca de dias melhores. Se nutrir sentimentos de mágoa, você estará traçando para si uma existência frustrada e infeliz.

Trabalhe, e assim você vencerá.

R

Rabugice

Viva em harmonia com o próximo.

Para que nutrir sentimentos vulgares e mesquinhos que só servem para deixá-lo infeliz e antipatizado? A rabugice só servirá para afastar as pessoas cada vez mais de você. Portanto, aceite as pessoas e os fatos como realmente são, para poder viver em paz e harmonia.

Lembre-se, ninguém é perfeito, e você deve aceitar as imperfeições alheias como coisa natural do ser humano. Não exija de si mesmo nem dos outros o comportamento que eles não são capazes de adotar. Equilibre seu ímpeto para conquistar amigos e angariar simpatia.

Agindo assim, as pessoas sentirão prazer em conviver com você.

Raciocínio

Utilize-se de sua mente.

A inteligência é o dom mais precioso que Deus lhe deu, e você deve saber aproveitá-la devidamente para crescer, desenvolver-se e prosperar. Utilize-se do raciocínio como aliado indispensável na resolução dos problemas e pense muito bem antes de tomar qualquer decisão ou atitude.

O raciocínio é a luz que ilumina as trevas da ignorância e do despreparo, e você deve valer-se de seus potenciais para adquirir experiências de vida.

Seu destino dependerá do tipo de pensamento que você

enunciar; portanto, adote a atitude de mentalizar positivamente sua vida para conquistar tudo aquilo que deseja.

Radicalismo

Não seja radical.

Você deve ser firme em suas atitudes e decisões para transmitir segurança ao próximo. Imponha-se por sua personalidade e caráter, e siga prontamente o que a consciência lhe determina. Entretanto, em seu próprio benefício, evite o radicalismo. A teimosia não leva a nada, e você poderá perder grandes oportunidades em sua vida se não aceitar as mudanças que surgem.

É evidente que você deve ter suas próprias opiniões e convicções, mas saiba também mudar os rumos de sua existência com naturalidade. Se for preciso, refaça sua vida para aprimorar seu estado de espírito.

Equilibre-se para aceitar o que deve e o que não deve ser mudado.

Raiva

Controle sua raiva.

A raiva corrói o íntimo, degenera a personalidade e produz efeitos físicos desagradáveis e irreversíveis. Você, somente você, será o grande prejudicado se não contiver os impulsos negativos do ódio. Controle-se!

É nos momentos de raiva que você perde o controle e pode cometer atos que o deixarão arrependido pelo resto da vida. É evidente que os problemas diários e o cansaço acumulam tensões no psiquismo, mas procure controlar este sentimento negativo, que poderá trazer-lhe conseqüências imprevisíveis.

É justamente nos momentos difíceis que você deve provar a si mesmo e ao próximo que é uma criatura sensata, humana e inteligente.

Razão

A razão é sua maior conselheira.

Antes de decidir ou tomar qualquer atitude, consulte primeiramente a sua consciência para escolher a melhor opção disponível. É justamente nestes instantes decisivos que a razão deve estar aliada ao bom senso e à realidade da vida. Não se entregue a emoções ilusórias, que poderão desviá-lo de seu verdadeiro caminho.

Entretanto, não seja como uma máquina fria e calculista, desprovida de sentimentos. Você pode e deve colocar a razão acima de quaisquer pensamentos, mas equilibre-se para que seu íntimo não seja violentado.

Assim procedendo, você saberá escolher o melhor caminho sem anular seu espírito humanitário.

Realidade

Aceite a realidade.

Procure visualizar o mundo como ele é, sem fantasiar a mente. A realidade é dura e às vezes cruel, mas você não pode viver de ilusões, pois assim não estará vivenciando os problemas nem adquirindo as experiências de que carece.

Enfrente a realidade como ela é, para que possa manter-se em equilíbrio. A mentira só serve para deixá-lo cada vez mais inseguro e insatisfeito. Por isso, adote a verdade como lema de vida, para poder encontrar seu caminho. Viva de acordo com suas possibilidades para evitar sentimentos frustrantes.

Não viva de ilusões para não sofrer mais tarde.

Realização

Realize-se em tudo que fizer.

Não há maior prazer no mundo do que a sensação do dever cumprido e, principalmente, a realização profissional e pessoal. Portanto, para que a sua vitória seja prazerosa e consagradora, você deve lutar pelos ideais e propósitos que lhe trarão realização plena e absoluta. De nada adianta vencer barreiras e transpor obstáculos se dentro de você não vibrar um sentimento estimulante, capaz de torná-lo a pessoa mais feliz do mundo.

Experimente fazer e realizar aquilo de que gosta e que sua vocação determina. Você sentirá um prazer indescritível, que alimentará seus ideais e o fará sentir-se realizado.

Rebaixamento

Não rebaixe a moral alheia.

Procure viver sua vida sem condenar o próximo para harmonizar-se com a humanidade. Evite rebaixar a conduta ou a moral alheia, apenas porque não se coadunam com o seu modo de ser. Se desprezar seu semelhante, as pessoas inevitavelmente perderão a confiança e se afastarão de você. É preferível manter-se calado do que dizer coisas que você desconhece ou sobre as quais está mal-informado.

Cuide de sua vida e de seus interesses e abra sua mente para poder aceitar as pessoas como são.

Se menosprezar o próximo, estará demonstrando fraqueza e incapacidade de compreensão, e você deve ser desprendido de sentimentos mesquinhos para desenvolver sua personalidade.

Rebeldia

Aceite a realidade sem submissão.

A realidade muitas vezes se mostra cruel e desumana, e você deve se empenhar para que o mundo se torne um lugar melhor de viver. Seja mais um soldado da corrente do bem e do amor ao próximo, participando ativamente de movimentos cuja ideologia é a igualdade de direitos e condições.

Entretanto, não confunda idealismo com rebeldia. A rebeldia não tem propósito se não estiver embasada numa causa justa e humana, que o faça contrariar as normas e convenções.

Lembre-se, o seu direito termina quando começa o direito do próximo, e você deve ser ponderado e equilibrado para distinguir o que deve e o que não deve ser mudado.

Recompensa

Não busque a recompensa pelos seus méritos.

Um dos maiores prazeres do ser humano é a realização profissional e pessoal, e ela por si mesma representa a grande recompensa de longos e árduos anos de trabalho e dedicação. Portanto, não fomente sentimentos vulgares e ilusórios na busca do reconhecimento e da fama, se não estiver devidamente preparado para enfrentar o peso de tantas responsabilidades. Os louros do seu progresso serão admirados sem haver necessidade de artifícios ou atitudes narcisistas.

A recompensa virá na hora certa e no momento apropriado, desde que você trabalhe com a pura intenção de desenvolver os próprios potenciais.

Reconsideração

Antes de julgar, reconsidere os fatos.

Procure ser aberto e receptivo a quaisquer justificativas para não cometer imprudências e injustiças. Pense bem antes de julgar e condenar o próximo, relevando as evidências e motivos que o levaram a cometer determinada ação.

Abra seu coração e sua mente para poder ter consideração com os semelhantes. Não seja radical para não cometer atos que o deixarão arrependido mais tarde. Se houver erro em seu prejulgamento, será nobre de sua parte reconsiderar o engano, assumindo uma postura sensata e inteligente.

Assim procedendo, você demonstrará equilíbrio, senso de justiça e responsabilidade.

Recriminação

Não recrimine o comportamento alheio.

Que tem você a ver com a vida dos outros? Cuide de seus interesses e de suas responsabilidades e deixe cada um viver a seu modo. A recriminação é uma atitude vulgar, baixa e irracional, e você deve banir de seu íntimo, definitivamente, sentimentos que depreciam sua imagem e integridade.

Se for discreto e viver sua vida sem condenar a dos outros, você estará se impondo através do seu caráter, e ninguém ousará intrometer-se em seus assuntos.

Respeite o ponto de vista alheio para que possam também respeitar a sua privacidade.

Reflexão

Reflita sobre a sua vida.

Já parou para pensar sobre o que pretende de sua vida, bem como se tomou o rumo certo em sua existência? É preciso que você adote o hábito sadio da reflexão, que o orienta e o torna seguro e confiante. Procure meditar em silêncio e peça a proteção de Deus em todos os momentos e circunstâncias.

Ouça sua voz interior, que tenta mostrar-lhe o melhor caminho a seguir, e você deve orientar-se pelo que lhe diz a sua intuição, utilizando-se também, obviamente, das experiências adquiridas.

A reflexão é o caminho da sabedoria, e você deve adotá-la para viver melhor.

Regeneração

Não condene para não ser condenado.

Tudo na vida é mutável, inclusive os próprios seres humanos. Portanto, não rotule as pessoas, baseando-se no comportamento do passado ou em suas próprias avaliações. Lembre-se, a pessoa que você está observando hoje já não é a mesma de ontem. Ela sofreu, experimentou mais da vida e, provavelmente, já mudou.

Portanto, observe cuidadosamente as mudanças que ocorrem nos semelhantes para que você não fique preso aos conceitos que fez no passado.

A regeneração é uma possibilidade sim, e você deve dar crédito ao próximo para que ele realmente se firme em sua nova etapa de vida.

Reivindicação

Reivindique seus direitos.

Nada mais justo do que lutar por seus direitos, embasando-se em assertivas honestas e dignas. A reivindicação entretanto precisa ter solidez e consistência para ser respeitada.

Ponha a mão na consciência e não manipule os fatos no intuito de beneficiar-se através dos ideais dos semelhantes. Não seja mesquinho, exigindo para si coisas que não lhe são de direito. Porém, se a razão estiver do seu lado, você deve empenhar-se na conquista de seus propósitos, senão estará entregue à decepção e à frustração.

Equilibrando seu ímpeto e respeitando o direito alheio, você terá a primazia para reivindicar tudo que lhe pertence e lhe cabe.

Religião

Pratique a sua religião.

Consulte primeiramente o seu íntimo para que se conscientize de qual religião lhe trará mais respostas às dúvidas e indagações. Procure escolher aquela que se harmonize com seu pensamento e sua verdade. A partir daí, seja atuante e participante do seu grupo para levar sua parcela de contribuição ao próximo, que também busca conforto e esclarecimento.

Respeite a opinião alheia e evite criticar outras ideologias, pois assim estará violando o princípio básico da individualidade.

A religião é o meio de atingir a Deus, mas não caia nos abismos do fanatismo, que degeneram seus princípios e sua verdade.

Remorso

Esqueça o que passou.

O remorso não deixa de ser um bom sinal de que sua personalidade reconheceu o erro e quer ser perdoada. Portanto, perdoe-se!

Siga em frente, procurando ser bom e humano para sentir-se em paz e com a consciência tranqüila. Para que ficar remoendo os erros do passado? O que passou está morto e enterrado, e você precisa continuar a vida para encontrar seu verdadeiro caminho.

Pare de se culpar pelas faltas do passado, pois todo ser humano é passível de erros e imperfeições. O importante é que doravante você procure acertar ao máximo para evitar situações traumáticas.

Renúncia

Não renuncie à felicidade.

A renúncia só é justificada quando se faz necessária para o bem-estar e a felicidade do próximo. Portanto, não renuncie inutilmente em função de pressões sociais, preconceitos e medo. Lembre-se, a vida lhe oferece oportunidades de ser feliz, e se você não as aproveitar ou desprezá-las, estará traçando para si uma existência infeliz e frustrada.

Você é ser humano, e merece viver tal qual sua consciência lhe permite. Não tenha medo de assumir-se, pois, se estiver consciente de seus atos e respeitar o semelhante, ninguém ousará recriminá-lo.

A vida passa, aproveite-a para não se arrepender mais tarde.

Repressão

Não reprima suas vontades.

Não se prenda a conceitos ultrapassados e castradores que inibem sua personalidade e seu íntimo. É evidente que você deve respeitar a moral e os bons costumes, senão estará abusando da compreensão alheia. Você pode fazer o que bem quiser, desde que respeite o próximo e assuma as devidas responsabilidades.

A repressão é uma agressão à liberdade humana, e você deve reivindicar devidamente os seus direitos para impor-se como pessoa dotada de personalidade forte e marcante.

Se souber usar sensatamente os direitos de sua liberdade individual, você sentirá o prazer de vivenciar seu íntimo e sua verdade.

Repugnância

Controle suas emoções.

Evite nutrir sentimentos inferiores em relação às pessoas ou fatos. Se fomentar a repugnância em quaisquer situações, estará demonstrando fraqueza e incapacidade de compreensão. Tudo em exagero traz conseqüências desagradáveis, por isso precavenha-se contra as emoções arrebatadoras e incontroláveis.

Não deseje mal ao próximo, mesmo que ele o tenha ferido em seus princípios. Se não souber como perdoar, tente esquecer as mágoas e ressentimentos para se sentir livre do peso de sentimentos vulgares.

A repugnância é uma arma contra você mesmo, e, se não elevar seu pensamento, estará prejudicando a própria vida.

Resignação

Aceite os dissabores que a vida lhe impõe.

De que adianta revoltar-se contra o mundo e contra os seus problemas? A revolta só servirá para deixá-lo descontrolado e incapaz de resolver os infortúnios com sensatez e lógica. A resignação à realidade da vida é uma atitude inteligente que você deve adotar para adquirir equilíbrio. É evidente que você não deve se entregar às adversidades com covardia e fraqueza. Ao contrário, você deve utilizar-se de todos os recursos de que dispõe para vencer os obstáculos corajosamente.

Entretanto, há coisas que estão além de suas forças, e você deve ter a sabedoria de resignar-se pelo que não pode ser mudado e continuar a lutar pelo que você pode mudar.

Respeito

Respeite para ser respeitado.

Conscientize-se definitivamente de que não existem duas criaturas idênticas em todo o universo. Portanto, não exija que as pessoas tenham os mesmos gostos e as mesmas aspirações que você.

Para que possa exigir seus direitos e reivindicar seu espaço, é imprescindível que você respeite a vida e a maneira de ser das outras pessoas. É preciso haver conscientização plena da universalidade dos direitos para que não haja cobrança de atitudes ou comportamentos.

O homem nasceu para ser livre e escolher o caminho que mais lhe convenha, e você deve aceitar a opção do próximo para impor o próprio respeito.

Responsabilidade

Cumpra dignamente seus compromissos.

A partir de hoje, mude, evolua, cresça. Assuma definitivamente sua idade e suas responsabilidades para poder desenvolver a personalidade, adquirindo assim a confiança do próximo. O mundo não é um parque de diversões, e você precisa conscientizar-se da realidade da vida para mais tarde não se arrepender pelo tempo perdido.

Deixe de lado as futilidades e conviva num meio que lhe traga benefícios. Trabalhe, leia, estude e divirta-se de maneira saudável para adquirir bem-estar e equilíbrio. Não decepcione a si mesmo nem àqueles que depositaram confiança em você, e assuma com alegria suas responsabilidades.

Sua vida se transformará numa alegria sem fim.

Restrição

Amplie os horizontes de sua vida.

Não seja como o caramujo que se enclausura em sua casca. Procure de vez em quando mudar de ares e de ambiente para relaxar a mente e adquirir mais experiência. A restrição limita os seus potenciais, e você deve procurar ampliar sua vivência para se sentir seguro e realizado.

É evidente que você deve selecionar as pessoas de seu relacionamento e de sua confiança. Entretanto, não restrinja o seu círculo de amizades, pois cada ser humano traz em si um ensinamento.

Abra a mente para ampliar o seu grau de entendimento e compreensão da vida.

Amplie seu horizonte convivendo e aprendendo.

Retribuição

Seja grato àqueles que o favoreceram.

Evite definitivamente o sentimento negativo da ingratidão, que o desclassifica e o degenera. A retribuição é, antes de tudo, um ato de amor devido àqueles que souberam ajudá-lo em suas dificuldades. Não se preocupe em pagar o favor recebido; seja simplesmente grato, pois Deus, há muito tempo, creditou no saldo de seu irmão abnegado o amor universal.

Sinta neste ser humano que o auxiliou um grande amigo que foi sensível ao seu problema. O mundo dá muitas voltas, e um dia ele poderá também recorrer a você.

Não há nada que pague o alívio de um dilema, e você deve reconhecer com sua lealdade a boa vontade do próximo.

Revelação

Acautele-se com suas palavras.

Em vez de se deixar levar pelo entusiasmo ou meras aparências, consulte primeiramente a sua consciência, antes de proferir qualquer coisa. Estude com critério o grau de discrição e de aceitação do próximo antes de lhe revelar o íntimo e a sua verdade.

A revelação precisa de um meio propício para ser cultivada, e é preferível manter-se em silêncio do que agir imprudentemente. Da mesma forma, respeite o amigo que depositou confiança em você e acreditou em sua compreensão e maturidade. Assim procedendo, você estará evitando aborrecimentos.

Toda revelação deve ser feita no momento apropriado.

Revolta

A revolta provém do conformismo de ser um perdedor, mas se você buscar novas vitórias, estará derrotando a própria revolta. Portanto, aceite sua derrota.

De nada adianta remoer o que passou se não há mais possibilidade de alterar os acontecimentos. Não se prenda ao passado, e siga em frente, confiante em dias melhores.

Tenha a sabedoria de perceber o que pode e o que não pode ser mudado para viver em paz e com a consciência tranqüila. É evidente que você deve lutar contra as injustiças do mundo, mas faça-o de forma sensata e inteligente.

Você conseguirá o que deseja se for racional e equilibrado.

Ridículo

Tenha bom senso em seu comportamento.

Defenda seu ponto de vista e adote sua filosofia de vida

como direito inalienável de qualquer ser humano. Seja você mesmo e não se preocupe com o que vão dizer de você. Entretanto, olhe para dentro de si antes de assumir ou adotar qualquer atitude e comportamento incompatíveis com sua realidade.

Não seja inconveniente, e tenha senso de ridículo. Perceba quando sua maneira de ser e agir foge da racionalidade e da sensatez. Você pode e deve adotar sua filosofia de vida, mas faça-o com maturidade e inteligência.

Desta forma, as pessoas o respeitarão.

Riqueza

A verdadeira riqueza está dentro de você.

Conscientize-se definitivamente de que a vida é passageira e de que nada se leva após a morte. É evidente que você deve lutar para crescer e prosperar, mas não faça do dinheiro a razão primeira de sua vida. Quantos milionários dariam tudo que têm para desfrutar de sua saúde, paz e alegria de viver? Não seja mesquinho, e evite o sentimento negativo da ganância, que o desequilibra e o torna incapaz de perceber a verdadeira razão da existência humana.

Não se prenda ao materialismo barato e ilusório, que só servirá para deixá-lo frustrado e inseguro.

Viva a verdadeira essência da vida para que você possa deixá-la com desprendimento.

Risco

Não corra riscos desnecessários.

Não há um dia sequer em que você não corra qualquer tipo de risco de ordem natural, alheio à sua vontade de decisão. Portanto, para que correr riscos irracionais e inconseqüentes? Dê valor à sua vida e à do próximo, antes de cometer quaisquer imprudências.

Lembre-se, Deus lhe deu o dom da vida como o mais sublime dos presentes, e você deve agradecer, preservando-a. Há coisas maravilhosas que você pode fazer, sem haver necessidade de arriscar sua saúde e seu bem-estar.

O mundo é belo, e você precisa saber desfrutar sensatamente dos prazeres da vida para evitar arrependimentos.

Rispidez

Meça o tom de suas palavras.

Não confunda franqueza com rispidez. A pessoa franca é aquela que lhe diz a verdade sem ferir seus princípios. A pessoa ríspida, ao contrário, demonstra incapacidade de compreensão e intolerância. Portanto, precavenha-se com o tom de suas palavras para que não o classifiquem de grosseiro e mal-educado.

A rispidez é uma fraqueza da personalidade, e você deve tentar amenizar este seu lado negativo. Entretanto, não seja submisso ou covarde. Defenda seus direitos com determinação e força para que as pessoas não abusem de sua boa vontade.

Dependendo da situação, você deverá impor-se com mais energia para ser respeitado.

Equilibre-se para viver bem com todos.

Rivalidade

Faça-se amigo.

Nem Jesus conseguiu agradar a todos, e não será você, criatura dotada de limitações e imperfeições, que o fará. Entretanto, evite criar inimizades. Defenda seus direitos, mas respeite a individualidade e o direito dos outros.

A rivalidade é uma característica antiga do ser humano, mas você deve tentar banir do seu íntimo este sentimento vulgar e irracional. Trate a todos da maneira como gostaria de ser tratado, e lembre-se de que o inimigo nada mais é do que alguém mais difícil de ser conquistado.

Mesmo agindo assim, você não conseguirá agradar a todos, mas estará ao menos evitando problemas e aborrecimentos.

Rompimento

Refaça sua vida.

Se alguém que você muito ama rompeu com você, eis a grande chance de uma auto-avaliação. Pergunte a si mesmo de onde proveio o erro, para da próxima vez acertar. Evite falar mal do ser amado; isto demonstra fraqueza de caráter.

O rompimento é sempre causado por incompatibilidades, sejam elas visíveis ou não. É evidente que você deve lutar para preservar um relacionamento saudável e duradouro, mas respeite a decisão do semelhante e deixe-o livre para seguir seu caminho.

Com o coração aberto e ávido do desejo de compartilhar, alguém muito especial surgirá em sua vida.

Rotina

Saia da rotina.

Não permita que sua vida se torne enfadonha e triste. Procure de vez em quando mudar de ares e de ambiente para refazer-se dos problemas cotidianos. A rotina é capaz de degenerar a própria felicidade, e você deve procurar conhecer outras facetas do mundo para adquirir novas experiências.

Se insistir em se manter nos hábitos rotineiros, estará limitando seus potenciais e traçando para si uma existência vazia e imprópria. Viva a vida em toda a sua plenitude, procurando conhecer outros lugares, outros povos e outros costumes para crescer e amadurecer.

Agindo assim, sua vida será uma alegria constante para você e para os que o cercam.

Roubo

Não se aproprie de bens alheios.

Por que invejar o próximo, que conseguiu vencer à custa de esforços e sacrifícios? Você também é capaz de conquistar seus objetivos, se trabalhar com determinação e força de vontade. Lembre-se, o que é dos outros não lhe pertence, e este direito é inalienável.

O roubo é uma fraqueza que pode lhe custar caro, pois num simples momento você poderá destruir tudo que conquistou. Seu bom nome deve ser preservado; porém o mais importante é você ter paz e a consciência tranqüila.

Siga os princípios divinos para sentir a presença de Deus iluminando sua vida.

S

Sabedoria

Olhe para dentro de você.

A sabedoria não é como a cultura, que vem de fora para dentro, mas emerge das profundezas mais abissais da mente humana. Reserve pelo menos um minuto de seu dia para meditar em silêncio e adquira o hábito sadio da introspecção para que sua mente se sintonize nas vibrações positivas do universo.

Amplie os horizontes do entendimento e da compreensão para conhecer o verdadeiro sentido da existência humana. A sabedoria não é adquirida, mas é fruto de um trabalho de aprimoramento e conscientização.

As respostas a todas às suas indagações estão dentro de você mesmo; basta ter sensibilidade para saber entendê-las.

Sacrifício

Não meça esforços para ser feliz.

Tudo que se consegue sem muito esforço e dedicação não tem o mesmo valor daquilo que se conquista com sacrifício e devoção. Portanto, não se entregue à derrota e à decepção para que todo o trabalho desempenhado no passado não seja em vão. A vida muitas vezes é dura e impõe sacrifícios às vezes insuportáveis. Mesmo assim, confie e acredite no sucesso de seus empreendimentos e siga sempre em frente, confiante na realização de seus propósitos. Você pode vencer, desde que não esmoreça ou se decepcione.

Lembre-se, qualquer sacrifício vale a pena, se dele depender a sua felicidade.

Sadismo

Queira bem a todas as criaturas.

Evite o sentimento negativo da maldade e da perversão, que corrompe o espírito e degenera a personalidade. Deus é amor, e nos criou para reforçar Seu propósito de paz e bondade em todo o universo. Como filho de Deus, respeite e proteja todas as criaturas da Terra, animais, vegetais e humanas. Não permita que o sadismo desequilibrado de mentes atrasadas o contamine. Vibre sua mente no diapasão da fraternidade e do amor ao próximo para seguir o caminho da perfeição.

Emanando paz, saúde, amor e prosperidade para todas as criaturas, você sentirá a presença de Deus iluminando a sua vida.

Sanidade

Mantenha seu equilíbrio mental.

O desequilíbrio vem aos poucos, e na maioria das vezes nem é percebido. Portanto, pare, pense e analise se o seu comportamento e maneira de agir estão compatíveis com a normalidade e a realidade. Seja sincero consigo mesmo, enquanto ainda dispõe de discernimento lógico e sensatez. A sanidade mental é um estado de espírito imprescindível para que você possa cumprir seus deveres, arcando com as respectivas responsabilidades. Não permita que o estresse ou os problemas diários lhe tirem o equilíbrio e o controle. Se for preciso, mude de ares e de ambiente para refazer suas forças.

Renove-se para manter a serenidade.

Sátira

Respeite a vida alheia.

Pergunte a si mesmo que direito tem de ridicularizar a vida do próximo. Lembre-se, quem com ferro fere com ferro será ferido, e, se você usar a sátira em suas colocações, estará despertando antipatia nos outros. Evite que sentimentos negativos o dominem, fazendo-o perder o senso e a noção de respeito humano. Ninguém tem o direito de criticar a vida alheia, e, se você o fizer, as pessoas se aborrecerão e se afastarão de você. Não há quem suporte uma pessoa debochada, que se esconde atrás da máscara da hipocrisia para diminuir os valores alheios.

Respeite e será respeitado.

Satisfação

Viva com prazer.

A vida é o dom mais precioso que Deus lhe deu, e você deve saber vivê-la com sabedoria. Viva intensamente os bons momentos e desfrute sensatamente das boas oportunidades que surgem para não se arrepender mais tarde. A satisfação é um prazer sem preço, e, para consegui-la, você não deve medir esforços ou sacrifícios. Não importa que o caminho seja longo e árduo se dentro de você existe o desejo de ser um vencedor. Sinta a força do pensamento positivo que lhe beneficia para conquistar o sucesso.

Com o passar do tempo, você sentirá tanta satisfação pelas vitórias que vivenciará plenamente a felicidade.

Saudade

A saudade é um misto de prazer e dor.

Deixe que os bons momentos vividos lhe tragam recordações que o façam sentir-se feliz. Entretanto, na maioria das vezes, a saudade machuca o íntimo, pois ela revela a verdade mais profunda da irreversibilidade do tempo. É preciso aceitar a seqüência da vida e seguir em frente. Você não deve desperdiçar as novas oportunidades que surgem. Procure conviver com o passado sem que ele destrua o seu presente, para que no futuro você tenha outras belas lembranças do presente. Lembre-se do passado com alegria, mas não se detenha na nostalgia das recordações.

Você ainda haverá de desfrutar de outros momentos felizes.

Saúde

Pense positivamente para manter a saúde.

Evite pensar em coisas desagradáveis tais como guerras, violências e tristezas, que podem produzir vibrações negativas, prejudicando assim sua saúde e bem-estar. Lembre-se de que Deus o protege em todas as circunstâncias, e você deve mentalizar positivamente sua vida para expulsar a doença. Evite falar sobre suas doenças e as dos outros, para que sua mente vibre no diapasão do equilíbrio. Muitas vezes as enfermidades são frutos de uma conduta mental negativa, e você deve cultivar principalmente a alegria para manter-se saudável.

Agindo assim, você será mais sensível às belas coisas da vida.

Sedução

Respeite o sentimento alheio.

O sexo foi criado por Deus; portanto, não deve ser considerado imoral ou pervertido, se você o praticar conscientemente. Ele é tão puro que lhe foi confiada a tarefa de gerar a vida. Entretanto, evite utilizar-se de artifícios vulgares no intuito de corromper os princípios e a inocência alheia. A sedução não deixa de ser um ato desumano e covarde, e você precisa respeitar o sentimento do próximo que depositou confiança em você. Se se utilizar de meios escusos para atingir seus propósitos, você jamais terá paz, e carregará consigo para sempre o remorso na consciência.

Faça aos outros o que gostaria que fizessem a você.

Segredo

Aja com discrição.

Estude cuidadosamente o grau de discrição dos outros antes de depositar plena confiança neles relatando-lhes intimidades e sentimentos pessoais. Acautele-se! Se houver um segredo que julgar necessário manter consigo, não conte a ninguém. A melhor forma de manter o sigilo é nem sequer chegar a pedi-lo, e você deve preservar sua individualidade para evitar aborrecimentos e decepções. Entretanto, se necessitar de ajuda, consulte alguém que tenha princípios, idoneidade e caráter para desabafar seu problema.

Se souber escolher devidamente as pessoas do seu relacionamento, além de você preservar seu segredo, conquistará a confiança e a admiração do próximo.

Segurança

Transmita segurança ao próximo.

Evite ser indeciso para poder enfrentar as situações com competência e prontidão. É evidente que você deve ser prudente antes de tomar qualquer decisão ou atitude, mas faça-o conscientemente, para que as pessoas confiem em você. Evite ser displicente, e coloque os pés no chão para viver dentro da realidade. São justamente as experiências que o fazem crescer e amadurecer, e você deve valer-se delas para sentir-se confiante Acredite em seus potenciais e alie-os à sua força de vontade de vencer os obstáculos para conquistar seus objetivos.

Se tiver certeza do que pretende e for empreendedor, você transmitirá segurança ao próximo.

Seleção

Escolha o melhor para você.

Procure ser aberto e receptivo a todos, demonstrando permanentemente lealdade de sentimentos e franqueza. Seja amigo para possuir muitos amigos. Entretanto, procure selecionar sensatamente suas amizades para conviver num meio que lhe seja afim. Evite as pessoas de pensamentos negativos, maldosas e mexeriqueiras: elas também depreciam a sua imagem. A seleção deve ser natural e espontânea, sem ferir ou magoar os sentimentos alheios. Respeite o próximo. Porém, conviva com todos sem permitir que ideologias contrárias degenerem seus princípios. Selecione os amigos, mas não restrinja seu círculo de amizades. Cada ser humano traz em si um ensinamento.

Sensação

Sinta todas as coisas em sua plenitude.

Perceba no perfume de uma flor, no verde da natureza, no coro dos pássaros, no frescor de uma manhã de primavera e no sabor de uma fruta deliciosa a mão de Deus, nosso Pai. Foi Ele quem criou para nós a beleza da natureza, e você deve usufruir desta dádiva com alegria e gratidão. Procure perceber os detalhes das criações divinas, a perfeição da obra universal à qual você pertence. Viva a vida!

Não existe prazer maior do que a sensação plena de sentir a vida em tudo que se vê e em tudo que se faz.

Sensatez

Equilibre-se para viver melhor.

Utilize-se de sua inteligência e de seu bom senso para viver bem consigo mesmo e com os outros. A sensatez é uma qualidade importantíssima, que você deve cultivar para resolver os problemas com lógica e coerência. Da mesma forma, ela é o pré-requisito indispensável para adquirir a segurança e a autoconfiança que o tornarão bem mais apto para crescer e prosperar. Para adquirir a confiança do próximo, você precisa demonstrar equilíbrio e responsabilidade.

Utilizando-se de sensibilidade e sensatez, as pessoas o admirarão e sentirão prazer em conversar com você.

Sensibilidade

Utilize-se dos dons que Deus lhe deu.

A sensibilidade é pertinente a todo ser humano, desde que

ele saiba percebê-la e aproveitá-la. É evidente que você deve ser racional e prático para cumprir seus compromissos com eficiência e competência, mas permita também que seu lado emotivo se manifeste para equilibrar seu íntimo. É através da sensibilidade que você desperta os sentimentos mais profundos que o qualificam como ser humano dotado de inteligência e percepção.

Permita à sua mente captar os eflúvios mais sutis. Assim você verá a beleza onde não via e desfrutará plenamente da vida com sabedoria e alegria.

Sensualidade

Aja com naturalidade.

A sensualidade é uma característica peculiar de determinadas pessoas, e, como tal, não há como tê-la artificialmente. Portanto, procure ser natural e espontâneo em suas atitudes e evite camuflar emoções e sentimentos, para não passar por ridículo. Cuide de seu corpo físico dentro de um equilíbrio racional para manter sua aparência e cultive o hábito sadio de exercitar o cérebro com boas leituras e meditação, para se sentir seguro e confiante. Se for cortês, educado e tratar a todos com distinção, você será benquisto e fortalecerá sua personalidade.

Agindo assim, você será uma pessoa muito especial, capaz de despertar a admiração.

Sentimento

O homem é o que ele pensa e sente.

Sinta dentro de si a força e o poder dos sentimentos que o qualificam como ser humano e criatura de Deus. Faça com que suas emoções positivas se transmutem em benefícios para si e para o próximo e evite os sentimentos negativos que o degeneram e o depreciam. O homem é o que ele pensa, portanto sua vida será de alegria e felicidade se mantiver seus pensamentos de paz e amor ao próximo.

Não seja insensível com o íntimo alheio para poder ser estimado e considerado.

O sentimento é o espelho da própria alma, e você deve respeitá-lo para viver bem consigo e com os outros.

Separação

A distância não separa os corações.

Coloque seus sentimentos acima de quaisquer barreiras possíveis tais como distância, preconceito e orgulho. Observe o sol que consegue vencer enormes distâncias para aquecer e manter a vida de todas as criaturas da Terra. Seja você também uma estrela que brilha e emita seus pensamentos de amor e amizade a todos aqueles que preza. A separação não pode e não deve abalar seus propósitos nem destruir seus planos de vida. Tenha paciência para superar esta fase transitória e respeite o sentimento alheio.

Se você ama alguém de verdade, a separação servirá apenas para fortalecer ainda mais seus sentimentos.

Seriedade

Assuma suas responsabilidades.

Para adquirir um bom conceito perante a sociedade e para que as pessoas passem a confiar em você, é indispensável demonstrar senso de responsabilidade, honestidade e caráter. Verifique se o seu comportamento está compatível com sua idade, padrão social e nível mental. Procure ter bom senso para não ser ridículo. Entretanto, seriedade não significa mau humor ou falta de educação. Você pode ser alegre, espontâneo e amistoso, desde que se imponha com hombridade e seriedade para receber o respeito alheio.

Agindo em conformidade com sua consciência e equilibrando suas emoções, você demonstrará simpatia e seriedade.

Severidade

Controle suas emoções.

Por que exigir dos outros atitudes que eles não são capazes de adotar? Procure respeitar o íntimo e a personalidade alheia para que você não se torne antipatizado e inconveniente. É evidente que você deve exigir o cumprimento das obrigações com responsabilidade, mas precavenha-se para não extrapolar os limites de sua autoridade e de seu direito. Se for dinâmico, competente e se impuser pelo bom exemplo de trabalhador dedicado e honesto, as pessoas sentirão prazer em conviver com você.

A severidade poderá ser uma qualidade admirável, desde que você equilibre seus impulsos ao lidar com o próximo, demonstrando compreensão e fazendo justiça às possibilidades alheias.

Sexo

O sexo foi criado por Deus, portanto não deve ser considerado imoral.

Pratique o sexo conscientemente para que ele não lhe traga mágoas ou arrependimentos. Antes de tudo, é preciso haver respeito ao sentimento alheio, que busca compreensão e anseia por ser correspondido. Da mesma forma, evite os impulsos arrebatadores e ilusórios que poderão desvirtuá-lo, tornando-o infeliz e frustrado. Dê valor às relações realmente duradouras e que lhe tragam crescimento e desenvolvimento. É preferível estar só do que compartilhar seu íntimo com pessoas despreparadas e vulgares.

Se você é adulto para praticar o sexo, deve ser também suficientemente maduro para se responsabilizar por seus atos.

Sigilo

A melhor forma de se manter o sigilo é nem sequer chegar a pedi-lo.

Estude conscientemente o grau de discrição do próximo antes de depositar nele plena confiança. Há pessoas que sentem prazer em difamar os outros, e você precisa se precaver para evitar aborrecimentos. Se necessitar de orientação para resolver qualquer problema, peça-a a alguém de sua confiança, que disponha de experiências e amadurecimento. Cuidado com as aparências, que poderão cegá-lo; é preferível enfrentar o problema sozinho do que expor-se à indiscrição e à incompreensão alheia.

Distinga sensatamente os verdadeiros amigos para contar com aliados que saberão apoiá-lo e compreendê-lo.

Silêncio

Reserve alguns minutos de seu dia para meditar em silêncio.

Não permita que sua vida se transforme numa roda-viva desumana e irracional. Pare, pense e analise o quanto você poderá aperfeiçoar seu íntimo, se olhar para dentro de si mesmo com franqueza e humildade. É na introspecção que você é senhor absoluto de seus pensamentos e de suas palavras, e você precisa reservar esse espaço de tempo para realmente se conhecer. Sinta a energia positiva que incide sobre você quando pensa, analisa e medita.

O silêncio é a voz da verdade, e você precisa ouvi-la para encontrar seu caminho.

Simpatia

Seja simpático para conquistar grandes amigos.

A simpatia é um sentimento puro e natural que emana das pessoas sensíveis e humanas. Cultive o hábito sadio de emitir vibrações de paz, saúde, amor e prosperidade a todos que o cercam. Lembre-se, ninguém é culpado por seus problemas e dissabores, e você deve evitar descarregar sobre o próximo a sua manifestação. Saiba separar as coisas devidamente para ser justo em suas atitudes e decisões. Da mesma forma, retribua o gesto amistoso do semelhante com sua lealdade e consideração.

Distribua rosas ao próximo e deixe que os antipáticos distribuam espinhos.

Simplicidade

Seja simples para que seus problemas sejam simples de serem resolvidos.

Por que complicar as coisas se você pode resolver as situações com naturalidade e simplicidade? Procure ser objetivo e evite exagerar os problemas; assim, encontrará soluções mais facilmente. Viva a vida com a maior simplicidade possível, pois, além de desfrutar da felicidade plena, você estará evitando infelicidades e decepções. Não queira ir além de suas possibilidades.

Procurando ser feliz de acordo com seu padrão de vida e suas condições, você poderá desfrutar plenamente dos prazeres que o mundo lhe oferece.

Sinceridade

Não falsifique suas emoções.

Procure cultivar a sinceridade para desenvolver sua personalidade e conquistar a confiança do próximo. Seja leal com a própria consciência e evite trair seu íntimo, para sentir-se seguro e tranquilo. As pessoas falsas jamais conseguem amizades verdadeiras, e você deve procurar conviver com aqueles que correspondem aos seus sentimentos. Entretanto, precavenha-se para que a franqueza não extrapole o limite da sensatez. Para não confundir sinceridade com rispidez, você precisa ter antes de tudo equilíbrio e respeito ao próximo.

Assim procedendo, você sem dúvida conquistará amizades sinceras e verdadeiras.

Sobrenatural

Mantenha o seu equilíbrio emocional.

Não se prenda a crendices e superstições tolas que são o culto de pessoas ignorantes e despreparadas. Creia em Deus Todo-Poderoso, que o ampara e protege em quaisquer circunstâncias. A vida em si é um mistério, e você precisa abrir sua mente para compreender o sobrenatural. Você pode e deve procurar entender o que está além do seu conhecimento, mas faça-o com sabedoria para não cair nos abismos do fanatismo e da insensatez, que o alienarão da realidade.

Lembre-se, todo mistério é revelado no momento apropriado.

Sobrevivência

Cuide-se para viver melhor.

Cuide bem de seu corpo, mente e espírito, para sentir-se saudável e disposto. O instinto de sobrevivência é uma força poderosa com que Deus nos dotou, e dela dependerá o seu próprio bem-estar. Portanto, procure seguir naturalmente este impulso humano antes de expandir suas pretensões. Lute corajosamente para crescer e prosperar, mas não vá além de suas forças e possibilidades, para não desgastar sua saúde e seu equilíbrio emocional.

A felicidade, na maioria das vezes, consiste apenas na própria simplicidade que se adota como filosofia de vida.

Sociedade

Participe do meio em que vive.

Não seja como o caramujo que se enclausura e vive somente

para si. Saia, passeie e procure conhecer a vida e as pessoas para sentir-se realizado. Entretanto, convivendo excessivamente na sociedade, você não terá tempo para si mesmo. O homem precisa também estar só para se conhecer e fazer suas próprias avaliações. Equilibre-se para poder contribuir em sua comunidade com o trabalho e participação e, ao mesmo tempo, preservar sua privacidade.

Para ser bem-aceito na sociedade, você deve seguir regras e padrões estabelecidos, mas não perca jamais a individualidade e o respeito próprio.

Sofisticação

Evite nutrir sentimentos incompatíveis com a verdadeira essência do ser humano. Não seja falso, artificial.

Não se prenda a vontades supérfluas e ilusórias, que só servirão para deixá-lo inseguro e frustrado. Procure ser o mais simples e natural possível para que sua vida seja plena de felicidade e realização. A sofisticação é uma atitude fútil que você deve evitar, pois não passa de mera compensação para o sentimento de frustração enraizado no inconsciente. Não se permita dominar pelo consumismo e materialismo que dominam os dias de hoje.

Vivendo de acordo com a realidade e valorizando as coisas que o cercam, você sentirá alegria em tudo que fizer.

Sofrimento

Siga em frente em busca de sua felicidade.

Não se prenda ao passado infeliz que o tortura e amedronta. O sofrimento às vezes é necessário para que o ser humano cresça e desenvolva a personalidade, e você deve valer-se das experiências adquiridas para ser um vencedor. Não seja fatalista, supondo a vida um mar de tristezas e lamentações. Ao contrário, ela é a coisa mais preciosa que Deus lhe concedeu, e você deve lutar incessantemente em busca de sua alegria e realização. Vamos, não perca tempo preocupando-se com o que já passou.

Há muito ainda a viver, e o sofrimento de ontem fará com que o amanhã seja de paz e felicidade.

Solidão

Nem sempre a solidão é estar só.

Já observou que você nasceu só e, portanto, morrerá só?

O ser humano é irremediavelmente ímpar em sua individualidade. Entretanto, procure dividir seu espaço e sua vida com o próximo para não se sentir solitário e desprotegido. A convivência social é extremamente necessária para equilibrar seu íntimo, e você deve procurar manter boas relações para desfrutar do apreço e da consideração alheia. Não viva somente para si para mais tarde não sentir o gosto da solidão e do esquecimento.

Faça amigos onde quer que esteja, mas jamais dependa deles para manter seu equilíbrio.

Solidariedade

Compadeça-se do sofrimento alheio.

Não seja individualista, vivendo apenas para si, esquecendo-se dos que precisam de seu apoio e compreensão. A solidariedade humana não tem preço, e você deve ser desprendido de sentimentos egoístas para estar em paz com a própria consciência. Entretanto, não se deixe transtornar pelos dissabores do próximo. Ajude a quem quer que seja, movido pelo espírito da fraternidade e do amor aos semelhantes, mas não carregue consigo os problemas dos outros. Para que o ser humano se desenvolva e cresça, ele precisa errar e aprender.

Auxiliar aqueles que sofrem nas horas difíceis é tarefa nobre que você deve cumprir.

Sonho

O grande sonho do ser humano é não perder nunca a capacidade de sonhar.

Os grandes feitos da história provieram do que a princípio parecia impossível, e você deve acreditar no sucesso de seus empreendimentos para realmente ser um vencedor. Entretanto, não fantasie seus planos, para evitar aborrecimentos e frustrações. É imprescindível que você aceite a realidade como ela é para estar consciente de suas possibilidades. Não vale a pena viver preso a ilusões que só servirão para torná-lo inseguro e insatisfeito.

Seus sonhos poderão tornar-se realidade, desde que você tenha bom senso para distinguir a realidade da fantasia.

Sorriso

Sorria para viver melhor.

Já percebeu que as pessoas que sorriem são muito mais saudáveis e tranqüilas? O homem é o que ele pensa, e, se seus pensamentos forem de alegria e entusiasmo, sua vida será mais feliz e dinâmica. Evite nutrir sentimentos mesquinhos para que o mau humor não se manifeste, tornando-o uma pessoa amarga. É evidente que você deve cumprir suas obrigações dentro de um esquema de responsabilidade e competência, mas saiba também relaxar nas horas apropriadas para descansar a mente.

Sorrindo sempre, além de atrair a saúde e o equilíbrio, você será uma pessoa carismática e admirada.

Sorte

Seu destino é traçado por você.

Tenha fé e pare de lamentar, reclamando constantemente de sua situação econômica, financeira e social.

Se agir assim, as pessoas inevitavelmente se aborrecerão e se afastarão de você Você, somente você, é senhor de seu destino, portanto cultive o hábito sadio de mentalizar positivamente sua vida para que ela aconteça da maneira que você deseja. Não se prenda a superstições tolas, que só servirão para deixá-lo inseguro e frustrado. A sorte é apenas um ponto de vista, e você deve acreditar em si e no seu trabalho para crescer e prosperar.

Antes de acreditar na sorte, é preferível que você tenha fé e esperança de vencer.

Submissão

Imponha-se por sua personalidade.

Procure ouvir atentamente os conselhos dos mais velhos e das pessoas mais vividas para adquirir experiência. Da mesma forma, respeite seu superior hierárquico, que merece consideração e dedicação. Entretanto, não seja submisso à vontade alheia. A submissão é uma fraqueza da personalidade, e você deve atender a suas aspirações antes de satisfazer os gostos alheios. Não permita que o próximo o domine, fazendo-o perder a própria individualidade; você deve também resguardar-se de impor suas vontades para evitar desavenças.

Equilibrando seu íntimo, você saberá conviver com qualquer um de maneira saudável e respeitosa.

Subordinação

Respeite seus subordinados. Não se utilize de sua posição para rebaixá-los.

Você pode e deve exigir o desempenho do próximo, mas dentro de um esquema coerente e lógico. Para ser um líder, você precisa principalmente respeitar os sentimentos alheios. Da mesma forma, não permita que seu superior hierárquico o humilhe. Você deve, sim, cumprir dignamente suas obrigações com competência e boa vontade para evitar represálias, mas a subordinação deve ser assumida com consciência e dignidade.

Se demonstrar dignidade e firmeza de caráter, você será

devidamente respeitado e admirado pelos superiores, que sentirão prazer em trabalhar com você.

Suborno

Dê valor a si mesmo.

Evite adotar atitudes vulgares e mesquinhas no intuito de atingir seus objetivos. Lembre-se, seu gesto servirá como exemplo para muitos outros, portanto seu comportamento deve ser de extrema honestidade e dignidade. Subornar é o mesmo que comprar a consciência alheia e você deve evitar terminantemente desrespeitar a índole do próximo. Da mesma forma, repudie aqueles que lhe oferecem suborno. Faça-os compreender que sua dignidade vale muito mais do que um jogo desonesto e materialista. Se compactuar com atitudes dessa natureza, sua consciência jamais terá paz.

Valorize-se para sentir-se tranqüilo e respeitado.

Substituição

Nada é insubstituível.

Não se engrandeça, supondo-se uma pessoa insubstituível em qualquer situação ou circunstância. A arrogância causa antipatia, e você deve ser humilde ao falar de si e de suas aptidões. Da mesma forma, veja o próximo como uma pessoa normal e passível de erros e imperfeições. Por mais especial que alguém seja, sua função pode ser perfeitamente suprida por outro que possui qualidades e requisitos semelhantes.

A individualidade humana é singular e única, mas você pode valer-se da substituição para aprimorar ainda mais sua experiência, ampliando suas relações.

Cada ser humano traz em si um ensinamento que você deve aproveitar para desenvolver-se.

Subterfúgio

Use a franqueza como lema de vida.

Evite utilizar-se de subterfúgios para atingir seus propósitos. É preferível enfrentar os problemas de frente do que esconder-se atrás da máscara da falsidade e da hipocrisia. Respeite o próximo que soube depositar confiança em você e espera atitudes nobres e dignas de sua parte. Se você se utilizar de meios escusos, as pessoas inevitavelmente perderão a confiança em você e se afastarão. Lembre-se, você colherá aquilo que plantar, e sua vida deve ser embasada nos bons princípios para que você desenvolva a personalidade.

O subterfúgio é próprio das pessoas fracas e incompetentes, e é preferível utilizar-se da verdade para ser respeitado.

Sucesso

Conquiste o sucesso verdadeiro, que é a realização de seus ideais de vida.

Procure ter ambição pelas coisas duradouras e não pelas passageiras, que se transformam em decepções e frustrações. Não vale a pena viver em função de uma conquista ilusória e transitória, que só servirá para torná-lo infeliz. Se quer realmente o sucesso, você deve desejá-lo de forma consagradora e eterna, para sentir-se realizado. Não há nada que pague a realização pessoal, e você deve trabalhar com vontade de vencer para que todos os seus sonhos sejam realizados. Entretanto, verifique se está devidamente preparado para enfrentar as conseqüências da fama.

Lembre-se, na maioria das vezes a simplicidade de uma vida é o caminho da própria felicidade.

Sugestão

Antes de sugerir, consulte sua consciência.

Lembre-se, sua sugestão pode mudar uma vida. Portanto,

seja responsável com o que diz e opina. Evite intrometer-se na vida alheia, a não ser que seus conselhos sejam requisitados. Da mesma forma, se necessitar de ajuda, peça-a a alguém de sua extrema confiança e que detém uma experiência mais abrangente. Assim que receber a opinião do próximo, procure analisá-la e verifique se ela vai ao encontro de seus interesses. Evite ser precipitado, para que não surjam arrependimentos e desilusões.

A sugestão é uma luz que brilha na escuridão, e só deve ser dada se estiver embasada na certeza e na verdade.

Suicídio

Existe um futuro à sua espera. Dê valor à sua vida.

A vida lhe foi concedida por Deus, e, se você realmente crê no Senhor, deve respeitar Seu desígnio. Por que supor-se um derrotado se há muito ainda que você pode fazer e realizar? Não permita que sua existência se torne vazia e sem propósitos. Trabalhe, leia, estude e preencha o tempo com coisas proveitosas, para se sentir útil e realizado. Não se entregue à derrota e à decepção, pois você pode ainda conquistar seus sonhos.

O suicídio é contra os princípios humanos e divinos, e você deve banir de seu pensamento sentimentos de inutilidade e tristeza.

Superioridade

Conscientize-se da igualdade dos homens.

Deus criou todos nas mesmas condições de igualdade e não privilegiou a um filho sequer. Portanto, evite nutrir sentimentos fantasiosos de uma superioridade tola e ilusória. Não existe ninguém melhor do que ninguém, e você precisa conviver saudavelmente com todos, valorizando-os da mesma forma. Não menospreze a quem quer que seja somente porque pertence a uma classe social inferior à sua. Tal situação é proveniente de um longo processo humano e, portanto, não se aplica às leis divinas e universais.

Quando se conscientizar definitivamente de que você é igual a qualquer pessoa, sua vida se tornará muito mais humana e desprendida.

Superstição

Não povoe sua mente com mitos.

Confie em Deus, que o criou e protege em quaisquer circunstâncias. Não se prenda a crendices e superstições tolas que atrasam seu desenvolvimento e depreciam sua imagem. Procure ser sensato em suas convicções para poder se sentir seguro e confiante. Não se deixe influenciar por pessoas despreparadas, que adotaram uma filosofia de vida incompatível com a grandeza do espírito humano.

Você pode e deve ter suas crenças como ponto de apoio para seu desenvolvimento espiritual, mas não caia nos abismos do fanatismo e da ignorância, que o tornarão descontrolado e desequilibrado.

Surpresa

Mantenha-se firme em seus propósitos de vida.

A vida é cheia de surpresas, e nunca se sabe o que nos espera ao longo do caminho. Portanto, procure aceitar naturalmente os problemas que surgem para resolvê-los da maneira mais correta possível e, assim, seguir novamente sua jornada na busca da concretização de seus objetivos. Procure utilizar-se dos recursos de que dispõe e também das próprias surpresas para filtrar em seu benefício tudo aquilo de que você necessita para realizar seus desejos.

O mais importante é você não se deixar abater e confiar em seu próprio potencial para atingir o sucesso.

Suspeita

Não se deixe enganar por meras aparências.

Procure conhecer as pessoas no íntimo antes de fazer suposições ou prejulgamentos. Se houver suspeita sobre o comportamento alheio, é preferível você agir com cautela, em vez de julgar e condenar. Vá com calma e estude todas as possibilidades, para que você não se engane sobre a conduta do próximo. Por isso, precavenha-se antes de depositar plena confiança nos outros. É preferível agir amistosamente, tratando a todos em igualdade de condições, do que valer-se de favoritismos ou preferências pessoais que poderão trair seu discernimento.

Você descobrirá que as aparências são capazes de enganar até mesmo as pessoas mais experientes.

Susto

Controle sensatamente suas emoções.

Precavenha-se para que o imprevisto não lhe traga conseqüências desastrosas e desagradáveis. Procure contornar as situações com calma e segurança para ter condições físicas e mentais de superar o susto com firmeza e equilíbrio. A vida é cheia de surpresas, e caberá a você recebê-las naturalmente para não aumentar ainda mais seus problemas. Evite manifestar-se através de atitudes escandalosas. Se agir assim, as pessoas o classificarão de fraco, despreparado e medroso.

Prove a si mesmo e aos outros que você é suficientemente capaz de reagir com sensatez aos imprevistos mais desagradáveis.

Sutileza

Cultive sua percepção.

É nas situações difíceis que você precisa saber usar a sutileza. Em vez de perder a paciência e o discernimento, é preferível utilizar-se de sutileza para resolver os impasses com maturidade e segurança. Entretanto, não confunda sutileza com passividade. Dependendo da situação, você deve ser enérgico e exigente para receber o respeito do próximo. Procure distinguir, dentre as diversas situações que surgem, aquelas com que você precisa ser mais perspicaz e paciente.

A sutileza consiste justamente em equilibrar os sentimentos e a percepção para que estes se manifestem no momento apropriado.

T

Tabu

Acompanhe a evolução do mundo.

Não seja retrógrado, e acompanhe as mudanças que batem às portas do tempo. Não se prenda a tabus e preconceitos castradores há muito já superados. Saiba entender as novas gerações e não exija que sejam como a sua. Tudo evolui, e você não pode e não deve ficar parado atrás, sem progredir. Abra a mente para que sua compreensão seja mais abrangente, possibilitando-o assim de conviver com as inovações sem violentar seus princípios.

Rompendo os tabus e vivendo os novos tempos, você terá a sensação indescritível da liberdade.

Talento

Cultive seus talentos.

Pare, pense e analise criteriosamente os dons que Deus lhe deu para poder desenvolvê-los com propriedade. Não desperdice seus talentos, que podem reverter em benefícios para você e para o próximo. A vida é um caminho sem volta, e, se você não aproveitar as boas oportunidades que surgem, jamais recuperará o tempo perdido. Portanto, inicie hoje mesmo o trabalho de desenvolver seus potenciais, cultivando um ideal e um propósito justo e saudável. A partir do momento em que seus talentos forem cultivados, sua vida será plena de prazer e alegria.

Aproveite agora para não se arrepender mais tarde.

Tarefa

Cumpra dignamente suas tarefas.

A partir do instante em que você assumir determinado compromisso, deve cumpri-lo da melhor maneira possível, para demonstrar seu senso de responsabilidade e competência. É preferível que você assuma uma possível incapacidade de realização a prometer um desempenho que você jamais será capaz de realizar. Não seja indolente, e procure desenvolver seus potenciais para adquirir experiência em tudo aquilo que fizer. Se cumprir as tarefas que lhe competem com boa vontade e desprendimento, além de se sentir bem consigo mesmo, você estará demonstrando responsabilidade.

Agindo assim, você provará a todos que é digno de confiança.

Teimosia

Aceite o que deve ser mudado.

Evite nutrir sentimentos irracionais e intransigentes que só servirão para trazer-lhe problemas e aborrecimentos.

Por que alimentar a teimosia se você pode mudar as coisas para melhor? A vida nos reserva surpresas, e você precisa ser humilde para aceitar que às vezes é necessário recuar para depois seguir conquistando seu espaço. A teimosia é a causa do insucesso de muitas pessoas, e você deve ouvir os conselhos daqueles que lhe querem bem para desenvolver ainda mais o seu trabalho.

Você pode e deve ter firmeza de opinião, mas consulte seu íntimo e tenha sabedoria para distinguir o que deve e o que não deve ser mudado em sua vida.

Temperamento

Controle seu temperamento.

O homem não consegue viver sozinho, por isso sua participação no contexto social é importantíssima para você mesmo e para os outros. Para se relacionar bem com os semelhantes, é imprescindível que você saiba controlar seu temperamento, evitando discussões e respeitando, principalmente, a vontade e o ponto de vista do próximo. É evidente que você não conseguirá se entrosar com todos, mas com certeza será capaz de conquistar amizades sinceras e duradouras.

Se souber dosar seus impulsos e respeitar a maneira de ser dos semelhantes, você será benquisto e admirado.

Tempo

O tempo não pára.

Conscientize-se da irreversibilidade do tempo e doravante mude para melhor sua maneira de pensar. Saiba aproveitar sensatamente os bons momentos e as boas oportunidades para mais tarde não se arrepender pelo tempo perdido. Trabalhe, leia e estude, mas procure também desfrutar dos prazeres que a vida pode lhe oferecer, com liberdade e responsabilidade. Cada segundo que passa não volta mais, por isso faça de sua existência um caminho de paz e alegria. No futuro, suas recordações terão gosto de vitória e não de frustração, por ter deixado a vida passar, sem a aproveitar.

A vida passa. Aproveite-a sabiamente.

Tendência

Analise-se para encontrar seu caminho.

Pare, pense e analise criteriosamente seus gostos, tendências e aspirações. Não permita que a vida o comande; você, sim, deve traçar seu futuro e seu destino. Utilize-se dos dons que Deus lhe deu para crescer e prosperar. Não deixe a vida passar a esmo e aproveite as boas oportunidades para desenvolver seu trabalho. Dentro de você existe um potencial imenso que precisa ser cultivado para que, a partir daí, você se realize e encontre sua própria verdade.

Vamos, não perca tempo: inicie hoje mesmo seu trabalho de construir uma vida mais vibrante e feliz.

Tensão

Vigie suas emoções.

A vida agitada e os compromissos diários acumulam tensões no psiquismo que podem trazer conseqüências desagradáveis para a saúde e seu bem-estar. Pare, pense e analise se vale a pena você se desgastar tanto a ponto de perder a noção do equilíbrio e da sensatez. É evidente que você deve trabalhar e cumprir suas obrigações, arcando assim com as devidas responsabilidades, mas não vá além do que suas forças podem suportar. De vez em quando procure mudar de ares e de ambiente para refazer as forças e relaxar.

Dividindo seu tempo com coerência, você será capaz de desempenhar qualquer função de maneira eficaz e satisfatória.

Tentação

Seja forte para superar suas fraquezas.

Não existe ninguém perfeito, e o ser humano é suscetível a tentações supérfluas e ilusórias que podem corromper as almas mais justas e desprendidas. Portanto, não se deixe levar por sentimentos transitórios que podem desvirtuar-lhe a razão e o bom senso. Procure ser forte o suficiente para superar as fraquezas naturais do instinto humano, que podem trazer-lhe conseqüências desastrosas e desagradáveis. Entretanto, não exija de si mesmo sacrifícios irracionais que você não poderá cumprir.

Você também tem o direito de desfrutar dos prazeres que a vida pode lhe oferecer, desde que o faça com consciência e sensatez.

Tentativa

Não desista de atingir seus objetivos.

Não desanime se porventura uma pedra surgir em seu caminho, obstruindo-lhe os ideais. Vale a pena fazer mais uma tentativa e conquistar tudo aquilo que deseja, mas faça-o com convicção e vontade de vencer.

Entretanto, você pode e deve mudar os rumos de sua existência se perceber que a realidade exigirá sacrifícios que estão além de suas forças e possibilidades. Procure viver com os pés no chão: assim, suas tentativas terão bases concretas para serem levadas adiante. O importante é você tentar sempre, mesmo à custa de grandes esforços.

Dessa forma, você se sentirá realizado.

Ternura

Valorize o ser amado.

Se ama alguém de verdade e é correspondido nesse amor, valorize esse sentimento. Respeite aquele que o preza e o ama, procurando preservar o relacionamento para que ele se torne uma comunhão duradoura e indissolúvel. O amor é o sentimento básico de uma ligação, mas a ternura é um complemento indispensável para uma união perfeita e satisfatória. É nos pequenos gestos e atitudes que você cativará o ser amado, que anseia por sua proteção e carinho.

A ternura é um gesto espontâneo que brota dos corações apaixonados, e você não deve medir esforços para ser feliz ao lado de quem ama verdadeiramente.

Testemunho

A verdade está acima de tudo.

Procure cultivar os bons sentimentos para que sua personalidade se torne forte e justa. Se testemunhar qualquer evento ou situação, seu compromisso primeiro é com a verdade, acima de quaisquer preferências pessoais ou favoritismos. Valorize-se para não se deixar corromper, pois, através de seu testemunho, muitas vidas podem mudar. Não brinque com coisas sérias e respeite a vida alheia.

Se falsificar um testemunho, você será considerado fraco, mentiroso e covarde. Dependendo da situação, é preferível você se calar a intrometer-se em assuntos que não lhe dizem respeito.

Aprenda a calar-se sobre a vida alheia para que o admirem e respeitem.

Timidez

A timidez é um fardo pesado que você carrega pela vida, atrasando seu desenvolvimento.

Por que supor que as pessoas são melhores do que você? Olhe para dentro de si e descubra seu verdadeiro valor para que possa se impor como pessoa. Ninguém é melhor do que ninguém, e você tem também suas qualidades, que sem dúvida serão admiradas.

Imagine quantas boas oportunidades você já perdeu em sua vida por causa da timidez? Analise-se e procure descobrir de onde vem essa sensação de insegurança e medo.

Quando se conscientizar de seus próprios valores, sua timidez desaparecerá.

Tolerância

Cultive o dom da tolerância.

Há determinados momentos na vida em que os fatos e as situações tornam-se às vezes insuportáveis. Nesta etapa difícil de sua existência, você deve fazer um esforço no sentido de cultivar a tolerância para poder resolver as situações com presteza e segurança. Tenha paciência para superar essa fase transitória. Na vida tudo passa, e você precisa acreditar nisso.

Entretanto, não permita que usem sua boa vontade para fins banais ou duvidosos.

A tolerância também tem limite, e, dependendo da situação, você deve ser enérgico para que não abusem de sua bondade e espírito de colaboração.

Tolice

Desenvolva sua personalidade.

De hoje em diante, mude, evolua, cresça. Procure ler e estudar sempre que puder para enriquecer sua cultura e desenvolver seus talentos. Não perca tempo com futilidades, que só servirão para deixá-lo inseguro e vazio. Discuta assuntos relevantes com as pessoas para que elas possam lhe dar credibilidade. Evite conviver no meio de pessoas mexeriqueiras e sem propósito de vida; elas denigrem a sua imagem. Se evitar falar de tolices, você estará demonstrando inteligência e firmeza de opinião.

As pessoas fúteis dificilmente conseguem amizades verdadeiras, e você precisa enriquecer seu íntimo para crescer e evoluir.

Tortura

Esqueça o que passou.

Na maioria das vezes, os maus momentos vividos nos vêm à lembrança como uma tortura avassaladora. Para que ficar remoendo o passado, que está morto e enterrado? De nada adiantará você se martirizar, relembrando épocas difíceis de sua existência que jamais voltarão. Você deve, sim, utilizar-se das experiências adquiridas para doravante não cair nos mesmos erros. Além disso, lembrar-se constantemente do passado o fará desperdiçar o presente, que abriu as portas para que você semeie um futuro de paz e felicidade.

Vamos, não perca tempo preocupando-se com o que já

passou. Inicie hoje mesmo seu trabalho de construir uma nova vida de esperança e realização.

Trabalho

O trabalho enobrece o homem.

Conscientize-se definitivamente de que o trabalho é uma das coisas mais importantes da vida do ser humano. Portanto, dedique-se a ele com amor e procure sentir prazer naquilo que faz. Não importa se o seu trabalho é humilde, cumpra-o com dignidade. Não queira galgar os degraus do sucesso e da realização de uma só vez. Antes de tudo, você precisa demonstrar responsabilidade e talento para conquistar tudo aquilo que lhe é de direito.

Vá com calma que com o tempo seus valores serão reconhecidos, e os mais altos patamares da vida o esperarão.

Tradição

Siga suas tradições.

Quem não tem tradição comporta-se como as folhas das árvores, que balançam de acordo com a direção dos ventos. A tradição é a raiz mais profunda da sociedade, e você deve honrar sua origem para sentir-se confiante. Respeite a filosofia dos que lhe antecederam para que você também dê seu exemplo para os que ainda estão por vir.

Entretanto, não confunda tradição com tabus ou preconceitos ilusórios e ultrapassados. A vida exige renovação, e, dependendo da situação, você deve romper a tradição para não cometer atos injustos e insensatos.

Distinga sabiamente o que pode e o que não pode ser mudado.

Traição

Seja fiel aos seus próprios sentimentos.

Judas traiu Jesus há séculos, e até hoje seu nome é abominado. A traição é uma atitude covarde, mesquinha e própria de pessoas sem princípios. O traidor nunca fica oculto, pois aos poucos sua hipocrisia é desmascarada pela luz da verdade. É preferível você ser um inimigo declarado a se fingir de amigo. Se agir desonestamente, as pessoas perderão a confiança em você e o repudiarão. Seja consciente de seus atos e adote a franqueza e a lealdade como lema de vida.

Se trair a confiança alheia, você será uma pessoa marcada para o resto de sua existência.

Tranqüilidade

Viva em paz consigo mesmo.

A saúde e o bem-estar dependem de seu estado de espírito, portanto evite um comportamento incompatível com sua natureza. A tranqüilidade é um tesouro sem preço, pois através dela você encontrará as oportunidades de ser feliz. Entretanto, não confunda tranqüilidade com indolência ou alienação. Você deve ser dinâmico, atuante, e viver em constante atividade para sentir-se revigorado e jovem, mas não extrapole os limites de suas forças e possibilidades para evitar desgastes irreversíveis e desnecessários.

Equilibre-se para poder desempenhar todas as suas funções com competência e tranqüilidade.

Transigência

A transigência é o caminho do bom senso.

Evite nutrir sentimentos de teimosia e intransigência, que só servirão para trazer-lhe problemas e aborrecimentos. Por que não aceitar as mudanças que surgem, se forem para o seu próprio bem? Não vale a pena ser radical, pois assim você estará demonstrando incapacidade de compreensão e ignorância. Você não se sentirá humilhado ou diminuído se se conscientizar e abrir sua mente para aceitar naturalmente as evoluções e mudanças que a própria vida impõe.

Lembre-se, o mais importante de tudo é a sua felicidade, e se for preciso você deve mudar sua opinião.

Transitoriedade

Aproveite todos os momentos de sua vida.

Viva cada segundo como se fosse o último, mas ao mesmo tempo planeje sua vida como se ela não tivesse fim. Conscientize-se definitivamente da irreversibilidade do tempo e aproveite as boas oportunidades para ser feliz. A transitoriedade da existência humana demonstra a fragilidade da vida; por isso, saiba dar o verdadeiro valor às coisas que possui e eleve seu pensamento para poder aperfeiçoar seu íntimo.

Não se prenda ao materialismo fútil, que só servirá para deixá-lo inseguro e incapaz de perceber a verdadeira essência do espírito humano.

A vida passa; aproveite-a sabiamente.

Trauma

Esqueça o que passou.

Para que ficar preso a traumas e ressentimentos que nada lhe acrescentarão, e só farão aumentar ainda mais seus problemas? Procure beneficiar-se das más experiências vividas que o ensinaram a crescer e desenvolver a personalidade. O passado está morto e enterrado, e você deve seguir sua vida em frente, confiante em dias melhores.

Não há quem não tenha passado por maus momentos, mas mesmo assim consegue-se superar as fases negativas com fé e segurança. Você pode vencer esta barreira, basta acreditar em si e desejar ser feliz.

Seu prazer de viver será uma alegria constante para você e para os que o cercam.

Tristeza

Viva com alegria.

Olhe para dentro de si mesmo e procure descobrir o que o está desmotivando a viver. A vida é o dom mais precioso que Deus lhe deu, e você deve agradecer-Lhe o privilégio concedido. Há pessoas que estão em condições muito piores do que as suas e, mesmo assim, conseguem sorrir e ser felizes. Portanto, abra seu coração para que a alegria possa fazer parte de sua existência, tornando-a mais vibrante e entusiasmada.

Renove-se para que a tristeza não faça parte de sua vida e você possa encontrar a alegria e o prazer de viver.

Triunfo

Lute para ser um vencedor.

Não permita que seus desejos sejam podados por sentimentos de medo e insegurança. Se deseja realmente conquistar seu sonho, você não deve medir esforços no intuito de atingir seus propósitos. Qualquer sacrifício, dentro de suas limitações e possibilidades, vale a pena se dele depender a sua felicidade. Entretanto, verifique se o triunfo almejado tem uma razão de ser ou não passa de mera satisfação do seu ego materialista e fútil. Não queira vencer apenas para mostrar-se aos outros ou para alimentar uma vaidade tola e presunçosa.

Seu triunfo só será reconhecido se você tiver humildade para conquistá-lo.

U

União

A união faz a força.

Não há quem possa dizer que consegue viver sozinho, sem depender de ninguém. O ser humano é naturalmente uma criatura sociável e precisa dos semelhantes para sobreviver. Portanto, procure conviver harmoniosamente com todos para que possa integrar-se no convívio social. Da mesma forma, não queira ser individualista, pois assim não conseguirá desenvolver-se. Tudo que é feito com união surte muito mais efeito, e é preciso que haja compreensão e tolerância de sua parte para que os objetivos comuns sejam alcançados.

A união é o grande segredo do poder de realização, e você deve colaborar para que ela se mantenha firme e inabalável.

Utilidade

Tudo no universo desempenha uma função.

Conscientize-se de que Deus criou o universo e dotou todas as coisas de utilidades peculiares. Portanto, evite menosprezar o que quer que seja, somente porque não lhe interessa ou não lhe é útil. A natureza é tão sábia que equilibra harmoniosamente suas criaturas para que elas vivam e cumpram seus objetivos. Você também tem uma missão e um propósito. Por isso, viva sua vida com alegria e prazer, desempenhando sua função de ser humano dotado de razão e sentimentos.

Utopia

Viva de acordo com a realidade.

Para que viver de sonhos e fantasias que só servirão para deixá-lo inseguro e frustrado? Procure colocar os pés no chão e evite alimentar a utopia em sua vida. Se persistir em viver de ilusões, você estará traçando para si uma existência infeliz. A realidade, por mais dura que seja, deve ser vista de frente, e, por isso, você precisa primeiramente aceitá-la para viver melhor. Entretanto, não perca as esperanças, e tampouco se torne uma criatura fria e calculista. Antes de tudo, você é um ser humano, dotado de sentimentos e emoções.

Equilibrando sensatamente seu íntimo, você vivenciará a verdade sem perder a individualidade.

V

Vaidade

Não se deixe dominar pelo sentimento fútil da vaidade, que o desqualifica e o deprecia. É evidente que você deve valorizar sua pessoa e seu trabalho, mas sem despertar arrogância, que causa antipatia. Seus valores serão reconhecidos através dos esforços que você desempenhar, sem que haja necessidade de exibir seus triunfos.

Aquele que naturalmente brilha e desperta admiração não precisa de subterfúgios tolos para ser ressaltado. Agindo com humildade e impondo-se com respeito, você será valorizado com justiça.

Observe a lua, esplendorosa e bela, que brilha na noite dos tempos, sem que ouçamos dela a voz da vaidade.

Valorização

Dê-se o respeito.

Olhe para dentro de si mesmo e verifique suas qualidades e aptidões. Já pensou que você desempenha uma função importantíssima no contexto ao qual pertence? Valorize seu trabalho e os próprios sentimentos antes de se deixar levar por influências negativas. Evite conviver no meio de pessoas que não lhe são afins; elas depreciam sua imagem. A valorização pessoal que você tanto busca só será reconhecida se você demonstrar responsabilidade e firmeza de caráter.

Imponha-se através do bom exemplo e de sua personalidade para que as pessoas o respeitem e valorizem.

Vandalismo

Preserve os bens públicos.

Conscientize-se definitivamente de que você participa de um contexto social do qual depende para sobreviver. Procure preservar o patrimônio público, construído com sacrifício para beneficiar à coletividade. Se usar de vandalismo, além de demonstrar insensatez e ignorância, você estará destruindo o seu próprio benefício. Seja inteligente e pare de lutar contra si mesmo. Da mesma forma, conscientize aqueles que ainda não foram esclarecidos. Dê o exemplo para que o próximo possa confiar em você e seguir seus conselhos.

Para seu próprio conforto e bem-estar, você deve combater o vandalismo estúpido e insano.

Vantagem

Respeite a ingenuidade do próximo.

Lute corajosamente para crescer e prosperar e não meça esforços no sentido de atingir seus propósitos. Entretanto, procure ser justo em suas atitudes para não tirar vantagem da ingenuidade alheia. Você pode e deve ser um empreendedor, procurando desenvolver seu trabalho, mas não seja desonesto ou aproveitador: sua vitória deve ser alcançada por merecimento. Coloque-se na posição dos outros antes de se deixar levar por sentimentos mesquinhos que o desclassificam e degeneram. Se tentar tirar vantagem da boa vontade alheia, as pessoas se aborrecerão e se afastarão de você.

Faça aos outros o que gostaria que fizessem a você.

Vazio

A partir do instante em que se começa a pensar sobre o próprio vazio, ele vai sendo preenchido.

Procure preencher sua vida com o trabalho para que ela se torne vibrante e dinâmica. Não permita que a ociosidade o domine, fazendo-o cair no abismo do desânimo e da tristeza. Trabalhe, leia, estude e divirta-se saudavelmente para encontrar seu equilíbrio. Procure cultivar um ideal humano e justo para que sua razão de viver se torne forte e positiva.

Vamos, inicie hoje mesmo uma nova etapa de vida, cheia de otimismo e realização. Sua vida se transformará numa alegria sem fim.

Vegetais

Os vegetais são também nossos irmãos.

Deus criou o universo, e todas as criaturas são indiscutivelmente irmãs perante as leis divinas. Portanto, preserve a natureza para o seu próprio bem e proteja os vegetais, que também têm um papel fundamental no equilíbrio de nosso planeta. Pense bem antes de destruir uma árvore ou uma planta sequer. Se dentro de você habita o espírito do amor universal, sua atitude deve ser de respeito às criações do nosso Pai. Tudo que existe tem uma razão e um objetivo próprio; portanto, sem a natureza, o homem jamais sobreviverá.

Integre-se à natureza e defenda-a como a si mesmo.

Velhice

Prepare-se para envelhecer.

A juventude é passageira, portanto inicie hoje mesmo seu trabalho de construir o amanhã. Conscientize-se da irreversibilidade do tempo e procure aceitar a velhice como realidade irrefutável. Entretanto, não se entregue a ela com displicência; procure exercitar seu corpo e sua mente para desfrutar de boa saúde e equilíbrio emocional. Viva de acordo com a sua idade e aproveite os bons momentos da vida para não se arrepender mais tarde.

A velhice está na mente, e você poderá ser eternamente

jovem se preencher sua vida com o trabalho e cultivar um ideal que o empolgue e o realize.

Verdade

A verdade está dentro de você.

Cada ser humano tem uma missão e um objetivo a cumprir na Terra. Caberá a você mesmo descobrir seu caminho para que sua vida tenha sentido. Não viva a esmo, como se a vida fosse um acaso. Tudo tem uma razão de ser, e Deus criou a todos nós para que aperfeiçoemos nosso espírito.

As respostas que você tanto busca estão dentro de si mesmo; basta ter sensibilidade suficiente para entendê-las.

A verdade é única, singular e indissolúvel, e você precisa vivenciá-la para encontrar a verdadeira razão de sua existência.

Vergonha

Não se envergonhe de sua realidade.

Para que fantasiar a mente com ilusões desgastantes, que só servirão para deixá-lo inseguro e insatisfeito? Aceite sua real condição e não tenha vergonha de expor sua realidade econômica, financeira e social. Você possui qualidades que podem ser aproveitadas, basta ter a humildade para aceitar as próprias limitações. Lembre-se, não existe ninguém melhor do que ninguém, e você pode desenvolver seu potencial para crescer e prosperar. Valorize sua origem, e não menospreze o meio ao qual pertence.

A vergonha é um sentimento de insegurança que você deve banir de seu íntimo para fortalecer seus ideais.

Versatilidade

Desenvolva suas aptidões.

Já analisou os dons que Deus lhe deu? Procure desenvolver

todo o potencial de que dispõe, para adquirir as armas de que necessita para crescer e prosperar. A versatilidade de seus talentos é que o fará sentir-se realizado, pois o homem tudo pode, de acordo com a vontade divina. Divida sensatamente o tempo para poder exercer diversas atividades que equilibrarão seu íntimo. Você pode participar de diferentes campos de atividades, se sua vocação assim o permitir.

Se agir com força de vontade, dinamismo e confiança, você será capaz de exercer qualquer função de maneira eficaz.

Vexame

Aja com discrição.

Evite envolver-se em situações embaraçosas e constrangedoras que depreciam seu nome e sua imagem. Acautele-se com pessoas vulgares que sentem prazer em envolver-se em escândalos. Evite-as!

Procure preservar o bom nome que você construiu ao longo da vida, zelando por sua privacidade. Quem se presta a vexames não tem senso de ridículo, e pessoas desse nível devem ser definitivamente evitadas. Procure conviver em meio a pessoas discretas, sensíveis e humanas, que se resguardarão em violentar o seu íntimo.

Vivendo sua vida com discrição e evitando as más companhias, você será uma pessoa conceituada e respeitada.

Vício

Liberte-se das algemas do vício.

O vício corrompe o espírito e destrói os ideais; portanto, evite-o em seu próprio benefício. Mobilize todos os seus esforços no sentido de libertar-se dos maus hábitos que o prejudicarão para o resto da vida. Sua saúde é o bem mais precioso de que você dispõe, e você deve preservá-la a qualquer preço. Da mesma forma, procure orientar àqueles que ainda não compreenderam os malefícios que o vício pode acarretar.

Prove a si mesmo e aos outros que sua força de vontade é maior do que a sensação de um prazer ilusório, desgastante e insensato.

Vida

A vida é como uma estrada em que viajamos com destino à perfeição.

Cada pessoa percorre um caminho particular, onde o final é sempre o mesmo. Se sua estrada é acidentada, cheia de curvas, abismos e obstáculos e a de outrem, ao contrário, é tranqüila, reta e sem obstáculos, não inveje a estrada alheia. Siga em frente com paciência, calma e vigilância. Supere os obstáculos, desvie-se dos abismos e faça as curvas com segurança.

Lembre-se, porém, de que as estradas retas e tranqüilas sempre são enfadonhas e monótonas, e, geralmente, os viajantes deste caminho privilegiado costumam dormir ao volante...

(Do livro *Momentos a Sós*, do autor.)

Vingança

O perdão é a chave que abre as grades para aqueles que não querem ficar presos ao passado de mágoas e ressentimentos.

Expulsando o ódio de seu coração, você estará evitando distúrbios físicos que prejudicam sua saúde. Evite nutrir no íntimo o sentimento da vingança, que corrompe o espírito e degenera a personalidade. Perdoe os ofensores para que você possa seguir em frente. Se não conseguir perdoar, tente ao menos esquecer e ignorar aqueles que o ofenderam no passado.

Em vez de buscar a vingança, adote o desprezo e o esquecimento para se sentir livre para buscar a felicidade.

Violência

Cultive o amor que Deus plantou em seu coração.

Deus é amor e bondade, e criou todos nós para desenvolvermos e aperfeiçoarmos o nosso espírito. Evite falar em assuntos desagradáveis, tais como guerra, desavenças e violências. Procure vibrar sua mente no diapasão da paz e do amor ao próximo para que o seu espírito seja iluminado pela luz pura do amor universal.

A violência gera violência, e você deve evitar terminantemente conviver num meio hostil para se manter fora das influências nefastas que poderão prejudicá-lo.

Coloque a bondade em seus sentimentos para que a violência não faça parte de sua vida.

Vitória

Lute para conquistar suas vitórias.

Se deseja ser um vencedor, inicie hoje mesmo sua jornada em busca da realização pessoal. Não perca tempo com detalhes irrelevantes, que só servirão para deixá-lo inseguro e temeroso. Seja corajoso e enfrente de cabeça erguida os obstáculos que a vida lhe impõe. Por pior que seja o cotidiano, acredite que o dia seguinte será coroado de êxito e sucesso. Entretanto, procure lutar por um ideal justo e humano e que realmente tenha um propósito digno. Não queira conquistar glórias apenas para satisfazer um instinto narcisista e arrogante.

Cada vitória que você alcançar é um ponto de partida para uma nova conquista.

Vivência

A vivência é experiência acumulada.

Não há quem não cometa erros, e são justamente eles o nosso mestre mais dedicado. As experiências consistem justamente em erros e acertos que se cometeu; portanto, não se prenda aos erros passados e procure planejar a sua vida nos acertos com seriedade e inteligência. Os erros do passado o ensinaram a crescer e desenvolver a personalidade, e você deve valer-se disto para doravante construir uma nova etapa em sua existência com muito mais confiança e segurança.

A vivência é uma aliada importantíssima para você encontrar seu caminho e sua felicidade.

Vocação

A vocação é o espelho de seu íntimo.

Analise seus gostos, tendências e aspirações antes de se deixar levar por influências dos semelhantes ou por uma primeira impressão. A vocação fala do fundo de seu ser, e deve ser cultivada para que sua vida tenha sentido e razão. Não desperdice as boas oportunidades que surgem para trabalhar no que realmente gosta e sente prazer. Não há nada que pague a realização pessoal, e você deve lutar por seus ideais, movido pelo desejo de ser feliz.

Quando você se conscientizar de suas verdadeiras aptidões, sua vida será coroada de alegria e felicidade.

Vontade

Atenda às suas vontades.

Não fique preso a tabus e preconceitos ultrapassados que só servem para torná-lo aquém da realidade. Acompanhe a evolução dos tempos e dê-se o prazer de desfrutar dos desejos que lhe consomem a alma. Entretanto, saiba satisfazer seus impulsos com responsabilidade e sensatez. Se não houver prejuízo da liberdade alheia, tudo lhe é permitido por direito universal. Além disso, é imprescindível o respeito à individualidade do próximo. Se pensar somente em satisfazer seus instintos, você estará violando o princípio básico da liberdade.

A vida é alegria e prazer, e você deve saber aproveitá-la com inteligência e maturidade para não se arrepender mais tarde.

Vulgaridade

Tenha senso em seu comportamento.

Evite adotar uma conduta incompatível com os princípios básicos que a sociedade determina. É evidente que você deve ter sua própria personalidade e defender seu ponto de vista, mas pense muito bem antes de assumir um comportamento irracional, que depreciará sua imagem perante a opinião pública. A vulgaridade choca a índole das pessoas sensíveis, e você deve evitar definitivamente atitudes comprometedoras, que o desclassificarão como pessoa equilibrada e inteligente. Antes de tudo, é preciso haver respeito pela individualidade alheia, e não há quem aprecie uma pessoa despreparada e inconseqüente.

Desfrute sensatamente dos prazeres que a vida lhe oferece, sem ofender a si mesmo e aos outros.

X

Xingar

Controle suas palavras.

Pense muito bem antes de proferir ou usar termos vulgares que o desclassificam e o degeneram. Às vezes os compromissos diários acumulam tensões no psiquismo, e o ser humano tende a perder o controle sobre as próprias emoções. É natural que você também tenha seus dias de impaciência e nervosismo. Em tais circunstâncias, xingar ou ofender o próximo pode trazer conseqüências bastante desagradáveis. Não espere que o semelhante tenha a compreensão e o desprendimento de saber entender seu descontrole.

Equilibre-se para não ser dominado pelos instintos vulgares que poderão acarretar-lhe infelicidades.

Z

Zelo

Valorize tudo que possui.

Saiba dar o verdadeiro valor às coisas que conquistou com esforço e sacrifício. Não menospreze o que quer que seja, pois um dia isto poderá lhe ser útil. O zelo é uma forma de proteção e você não deve medir esforços no sentido de proteger o que ama e preza. Entretanto, não confunda zelo com avareza ou mesquinharia. Seja racional, para evitar o apego excessivo aos bens materiais. Se alguém necessitado precisar de sua ajuda e colaboração, você deve ser desprendido de materialismos baratos e ilusórios.

Equilibre-se para desfrutar de seus bens com zelo e desprendimento.

Correspondência para o autor:
IRAN IBRAHIM JACOB
Rua São José, 149
Ubá—MG — 36500-000

Impresso no Brasil pelo
Sistema Cameron da Divisão Gráfica da
DISTRIBUIDORA RECORD DE SERVIÇOS DE IMPRENSA S.A.
Rua Argentina 171 — 20921-380 Rio de Janeiro, RJ — Tel.: 585-2000